テレビ朝日元制作局長
中島 力

夫と妻のきずな 上

激動の昭和を生きた夫婦の記録

国書刊行会

はじめに

昭和三十四年二月にテレビ朝日が開局した。その年の四月から「夫と妻の記録」が始まり約四年半、二百組を超える夫婦を取材し放送した。当時としては長寿番組であった。登場した夫婦の年齢は二十代から九十九歳、結婚年数でもっとも短い人で三年、最高は七十五年のダイヤモンド婚まで、職業的にみると作家、画家、音楽家から僻地の教師、殺人課の刑事、釜ヶ崎の女医、そして現職の総理大臣と多彩な顔ぶれであった。

どの夫婦にも特徴的であったのは貧困や病苦を克服して昭和という激動の時代を生きぬいて、ひとすじの道を極めたすばらしい人たちであったということである。その歴史は人びとに大きな感動を与えた。

夫婦とはなにか。この古くて常に新しいテーマに私は懸命に取り組んだ。三十数年の結婚生活で「ただの一度も喧嘩をしたことがない」という夫婦にびっくりし、一方で「夫婦喧嘩もできない夫婦なんて夫婦じゃないよ」とけしかけられたり、また「一緒にいたいから結婚したんだからね。三十年たったからって女房の顔を見飽きることはないね」と惚《のろ》けられた。亭主関白といい、恐妻家といい表面的な分類では律しきれないのが夫婦という複雑微妙な人間関係であろう。しかし、どの夫婦にも、どんなときにも揺がぬ愛情の絆がしっかりと結ばれていた。

番組を放送してゆくなかでベストセラーが生まれ、ドラマや映画になり、歌が生まれ、出演した作家によって短篇小説が発表された。大阪八尾警察の部長刑事の放送は第八回民放社会報道部門で優秀賞を受賞した。

なお本稿は、放送当時の取材ノートをもとに四十数年前に書いたものである。本書に登場する人びとの肩書、所属は放送されたときのものであること、ご了承いただきたい。

かえりみて、この番組が高く評価されたのは構成の町田富男氏と、温かい人間的な司会の山形定房アナウンサーによるものである。時を経て、なお読者の心にひびくものがあるとすれば、出演して頂いたご夫婦の人柄と真摯な生き方が、いまなお私たちを感動させるのだと想う。

平成十五年六月

中島　力

夫と妻のきずな 上

目次

難病克服からの再出発

総理大臣
池田勇人・満枝

いけだ　はやと＝総理大臣。明治三十二年広島に生まれた。京都大学法学部を卒業し大蔵省に入省、将来を期待されながら昭和四年宇都宮税務署長で難病に倒れ生死が危ぶまれた。必死の看病をしたのが満枝夫人である。

今日あるは家内のおかげです

昭和三十四年十二月三日、池田さんは還暦を迎えた。

記者クラブの招待で開かれたパーティの席上、尊敬する板倉卓造博士の手で赤い頭巾とチャンチャンコを着せられた池田さんは、感激に声をつまらせながら、こう挨拶した。

「……政治家として、私はいたらぬ点が多いのですが、ともかくも私の今日あるは、ここにおります家内のおかげであります」

そういって、控え目にたたずんでいる満枝夫人を前に押しだすようにして紹介した。

「……このようなお祝いをしていただいてまことに感激にたえません。私の、今日のこの喜びの大部分は家内のものであります。きっと、皆さんも私と同じ考えだと思います……」

口の悪いことではヒケをとらない記者たちが、池田さんのひかえめなこの挨拶に嵐のような拍手をおくった。

そして、この感動を全身で受けとめた満枝夫人は、ただ深く深く頭を垂れるのみだった。それは池田さんが通産大臣のときのこと。

こえて三十五年七月十五日、自民党の総裁公選は、ついに池田さんと石井光次郎氏の決戦投票という劇的な瞬間を迎えた。石井氏に百票以上の差をつけて池田さんの総裁就任がきまったのは、その日の午後三時過ぎであった。日比谷公会堂の会場からプリンスホテルについた池田さんは、同志や取りまく人々からはなれ、一人になって自宅に電話をかけた。

「……お前のおかげで、総裁になれたよ。ながいあいだ、ありがとう」

「あなたのお力ですよ。ほんとうにおめでとうございます」

池田さんの電話は、いつものようにブッキラ棒で、ほんの短い会話で終わってしまった。しかし、この二つのエピソードは人間池田勇人を知るうえで貴重であるとともに、満枝夫人の人柄を、そして池田さん夫妻の愛情の形を示しているといえよう。

総裁就任の電話を受けたとき、満枝夫人は笑顔で夫に「おめでとう」といったが、その頬は涙にぬれていた。もちろん喜びの涙である。しかし、それは夫が総理大臣という栄光の座を得、自らも日本のトップレディとして華やかな脚光を浴びることへの喜びだけではなかった。

ちょうど、そのとき満枝夫人の傍にいた長女の直子さんが「父の優しい思いやりに心のつまる感じでした」というように、満枝夫人が夫の愛情に感動したことも事実であろう。

しかし、それだけではない。満枝夫人の涙には結婚生活二十六年、その絶え間ない風雪の半生が、やっと報われたことへの深い感慨が秘められている。

夫が宰相の地位をかちとることは、必ずしも満枝夫人のねがいではなかった。ただ立派な政治家として大成する日を待ちのぞんでいたのである。その日のために、あらゆる苦しみとの闘

自宅での池田勇人・満枝夫妻

いが続けられ、愛情のすべてが傾けられてきたのだった。

「もし満枝夫人がいなかったら、宰相池田勇人は誕生していなかったかもしれない」という人がいる。この仮説に対して、真実の解答をだしうるのは、池田さん自身でしかないだろう。その池田さんが、「私の今日あるは家内のおかげであります」と明言するとき、この言葉のなかには愛情の高らかな讃歌と深い感動が感じられる。

難病で大蔵省を退職

池田さんと満枝夫人の愛情は、人間のもっとも惨酷な状況——絶望のなかで芽生え、その苦しい闘いを生きぬくことで開花した。死線を越えてきた愛情の強さと信頼が、池田さん夫妻をしっかりと結びつけているのである。

ここで、結婚するまでの夫妻の経歴を簡単に紹介しておこう。

池田さんの実家は広島県竹原の銘酒「豊田鶴」の醸造元。父は町長を務めるほどの人望家で、母もまた稀にみる信心深い人であった。

末っ子に生まれた池田さんは兄弟にかわいがられ、とりわけ母の愛情を一身にあつめて成長した。忠海中学から五高にすすんだ池田さんは、この五高時代に熊本で自由な青春を謳歌し、さまざまなエピソードを残している。

「教室には顔をださずに、昼間は碁を打ち、夜は酒を飲むというずぶとい青春を送っていた」と、同級生の荒木文部大臣は述懐している。

酒の強さは無類であったが、酒によって乱れることのない青年だった、とやはり同級生の宮里興保氏（日本紙工社長）が言っている。

「第一回のクラス会のときですよ。バンカラで鳴らした悪童どもがよいつぶれてしまって、私だけが残った酒をたいらげていると、いきなり肩をたたかれて『君はなかなか話せる奴だ、こっちイ来い！』そういって、ちらかった座敷の真ん中で、茶わん酒をさしだしたのが池田君だった。それから急に親しくなって、カメラを質に入れて飲代をつくったり、とにかくよく飲んだ」

冬のズボンがボロボロになると、その下に夏ズボンを重ねてはき、煮しめたような手拭を腰に、「武夫原頭に草萌えて……」と五高寮歌を吟じながら大道を闊歩した池田さんを知る当時の五高教師は、誰一人として、今日の池田さんを予期できなかっただろうと、五高、京大を通じての友人、下村弥一氏（不二サッシ専務）が語っている。

それほど勉強しないで、酒ばかり飲んでいた池田さんが、京大に入るやいなや、人が変わったように猛烈に勉強し、高文を優秀な成績でパスした。

五高を卒業するとき、池田さんは宮里氏に向かってこう言ったのだった。

「今までは、お互いによく遊んだけれど、大学に入ったら高文を受けるんだから、しっかり勉強しなけりゃならない。お互いに恥ずかしくない人間になろう」

ただの飲んべェでも、勉強嫌いな怠け者でもなかった。「ずぶとさのなかに、一種、大人の風格があった」というのが、五高時代の友人たちが異口同音に発する池田さん評である。

京大を卒業して、はちきれるような夢と自信をもって大正十四年に大蔵省入りした池田さんの前途は、洋々とひらけていた。郷里の先輩で「人情大臣」として高名な望月圭介氏の媒酌で、広沢伯爵家の令嬢直子さんを娶ったのは、池田さんが函館税務署長に就任した年である。このままでいけば、池田さんは順風満帆、文字どおりの出世コースを突っ走れる態勢にあった。

ところが、函館から宇都宮税務署長に転任した直後、運命の歯車は狂いはじめた。

ある日、身体にポツンとできた水ぶくれを発見したとき、池田さんも直子夫人も、それが絶望へのしるしであろうなどとは、想像もしなかった。「子どものかかる水疱瘡に、いまごろみまわれるとは……」そういって苦笑する池田さんだった。

しかし、この皮膚病は単なる水疱瘡ではなかった。学問的にいえば、ユーリング氏皮膚炎といい、身体中が水ぶくれになり、それがつぶれるとカサブタがひどく、どんな薬を塗っても注射をしても治らない。そのかゆさは言語を絶するもので狂人のようにもだえ、執拗な痛みは常人の耐えうるものではなかった。「何千万人に一人しかいない奇病」といわれ、現代医学では原因の究明も治療のメドもたてようがないと、医者にサジをなげられた池田さんであったが、「どうしても治ってみせる」という強い確信だけは捨てなかった。

だが、直子夫人は、この奇病に心身を使いはたし、狭心症でこの世を去ってしまった。

絶望のなかではぐくまれた愛

妻の死と不治の病。それに大蔵省はとうに退職して失業の身である。さすが、強気の池田さんも相次ぐ悲運にたたきのめされて、これ以上生きることの空しさにとりつかれた。

「目と鼻と口だけを残して全身包帯だらけ、お化けのようなこのザマで、何のために生きのびようというんだ！」

はげしい絶望が襲いかかり、池田さんの身心を喰い荒らした。そうした苦しみのまっただ中で満枝夫人の必死の看病がはじめられるのであるが、二人は幼馴染みとして、お互いに知り合ってはいたが、このころ愛情はまだ芽生えてはいなかった。

満枝夫人と池田さんは遠い親戚にあたる。満枝夫人の生家は同じ竹原市内で、父は医者であった。広島市の山中高女に在学中、病気で父を失い、ついで母も心臓麻痺で倒れるなど不運な少女期を送った。両親を失った満枝夫人は、自活の道を開こうとして名古屋の金城女専に入学、将来は女教師としての道を歩もうと決心した。この計画は満枝夫人がたまたま病気になって郷里によびもどされたために挫折したが、ここで池田さんと運命的なめぐり会いをする。

不治の病に疲れはてた一人の男と両親を失った孤独な娘、これが二十六年前の池田さん夫妻の姿である。だから満枝夫人の献身的な看護は、けっして未来の総理大臣に向けられたものではなかった。世間的な名誉や打算とはまったく無縁であった。

身体中にあぶら薬を塗って、包帯で巻いてあげるのが満枝夫人の日課であったが、この包帯の交換がたいへんな仕事であった。満枝夫人の他に四人の看護婦と池田さんの姪が看病のために付き添っていたが、気が狂ったようにもだえる病人のむごたらしい姿に恐れをなして誰も長続きしなかった。

そんななかで満枝夫人は、率先して看病にあたった。病気ばかりでなく、気分のよい時にはクラシックの音楽をかけ、本を読んでやって、失意の池田さんを慰めた。こうした日々のあいだに、池田さんは少しずつ生きる希望をとりもどしていった。満枝夫人の必死の看病がどれほど池田さんに力強い支えになったか、そして二十一歳のうら若い女性が、いかに親戚で頼まれたとはいえ、前途もわからない池田さんのために尽くしたか、その間の心理の微妙な動きは、当事者のみの秘めごとに属しよう。ただここでは、絶望のなかではぐくまれた愛情は完璧に無償のものであったとだけ記しておこう。

池田さんはついに難病を克服したが、その医学的な証明はいまだになされていない。つまり医学で治ったのではないのである。

闘病五年目、池田さんは母に連れられて四国八十八カ所の霊場めぐりをした。信心深い母のすすめであった。足の裏にもカサブタができ、歩行も不自由な池田さんは、ワラジがはけないので足のうらに板きれを巻きつけ、全身包帯だらけのまま、巡礼の旅に出た。

旅から帰ると、突然、指の先からカサブタがはげ落ちた。奇跡としかいいようのない変化であった。母の信仰の強さ、池田さんの生きようとする激しい意志の勝利であった。

それはまた、満枝夫人の愛情の勝利でもあった。

全快した池田さんが第二の人生に出発しようとしたとき、それまで甘い言葉ひとつかわしたことはなかったが、すでに満枝夫人の存在はなくてはならないものだった。

一度はあきらめようとした自分の生命を、ひたむきにいとおしみ続けてきた女性、その純愛は花開かしめねばならぬ。しかし、二人の結婚に反対の声も強かった。格式を重んずる名門の手前もあり、看病中に愛し合ったという世間のうわさへのおそれもあった。

いまならばともかく、昭和十年の広島の田舎では当然の反対であったが、池田さんは、それらの思惑や反対を押しきって、満枝夫人と結婚式をあげた。池田さんが三十五歳、満枝夫人が二十三歳であった。

ひとつの生命をいかそうとして相寄った二つの魂の結婚であった。

陰からささえた満枝夫人

政治家として池田さんは闘病五年のブランクのために、いわゆる「鈍行列車」で、出世コースをのろのろ走らざるをえなかった。

「結婚するとき、大蔵省は退職になっていましたから、復職はとてもむずかしゅうございました。せめて小使いでもよいから……とねがっておりました。それが、ちょうど結納が運ばれてきた日に、大阪の玉造税務署長に任命という電報が届いたんですから……そのときは生涯わすれることはできませんわ」

そういう状態だったから念願の復職はかなったが、同僚からははるかに遅れ、後輩たちからも追いぬかれてしまっていた。池田さんが熊本税務監督局の直税部長になったころ、後輩たちは部長づとめを終えて本省に帰っていたのである。やっとこさ、ドサ回りを終えて本省に帰り、直税、国税両課長を歴任したとき、池田さんは四十を越していた。同僚の中には、局長に出世している者もあった。この「鈍行列車」が、のちに池田さんを陽の当たる場所へ送りだしたのだから、人間の運命はふしぎなものである。戦後、日本中を吹きまくったパージで局長級までが失脚、無傷の池田さんは二十一年に主税局長、翌二十二年には第一次吉田内閣で事務次官というふうに頭角をあらわし、二十四年には郷里の広島二区から立候補し、最高点で当選した。

よく、池田さんの人間的な成長は、五年の闘病生活と、それに続く十年間の下積時代に培われたといわれるが、その後の順調な十年間も含めて、池田さんの半生のさまざまな転機を共に生きてきた満枝夫人の苦労もなみたいていではなかった。

忙しくていっぺんも郷里に帰らない池田さんが最高点で当選する陰には、不眠不休で注射をうちながら、真っ黒になって活躍する満枝夫人の協力がある。

「政治のことはちっともわからない私などに何ができましょう」

そういって謙遜する満枝夫人であるが、「池田さんの票の六割は奥さんのもの」というのが定評になっている。池田さん自身も「あいつが立候補したら、おれよりもたくさん票を集めそうだよ」という。また「池田さんの悪口をいう者がいても、奥さんを悪くいう者は一人もいない」と新聞記者は書く。なぜだろうか？

その理由は、あまりにも簡単である。政治家の妻であるとはいえ、政治的な感覚は持っていても、けっして政治的術策に生きず、生地のまま、ありのままの姿で生きようとする満枝夫人の人柄のせいである。

娘の直子さんによると「うちの母って、およそハイカラという言葉とは正反対で、ヤボったい。まるで、田舎のおばさんみたいな感じです」ということになる。

気どらず、だれにでも親しまれる人柄、そこで、なによりも美しいのが邪心のない笑顔である。この笑顔の前ではいっさいの不純なたくらみも険悪な空気も和《なご》まざるをえない。そんな微笑である。そしてまた、この美しい笑顔がけっして作られたものでないだけに、人々の心を惹きつけるのである。

満枝夫人の行為は、すべて作為的なものでなく、真心からのものであるだけに、無言のうちに、人を説得するふしぎな力を持っているようである。

政治家にとって、新聞記者の夜討ち、朝駆けほど困るものはない。真夜中に呼鈴でたたき起こされて取材を申しこまれたり、一晩中ねばられたりする。そんなとき、いつも嫌な顔ひとつせず応待にでるのが満枝夫人である。そして、新聞記者はもちろん、外で待っている運転手にまで「ご苦労さま」と声をかけながら、自分で茶菓子を運ぶのである。大事なことは、これが大臣になってからはじめられたのではなく、池田さんが局長や次官だったころからの習慣であることだ。

秘書や運転手、女中さんなど使用人に対する心づかいも憎いほどおくゆかしい。毎年、クリスマスには、これら全部の家族を招待して、わけへだてなくサービスするし、秘書や知り合いの記者が病気で入院すると、心配して自分で見舞いに行く、義理人情にあつい人である。

総理夫人になってからも、デパートの食堂や特売場に、気軽にでかけていく庶民的な満枝夫人は、「外へでるのは嫌いな方で、家にいてゴチャゴチャやっている方が、性に合ってるんです」という。池田さんのお伴をして週末に箱根へでかけるとき、車の中でエンドウ豆を一所懸命むいているという。どこにでもいる家庭的な一人の主婦、それが満枝夫人である。

池田さんが政治家として大成するために、プラスになることだったら、どんなことでもいとわない。これが満枝夫人の政治家の妻としての姿勢である。池田さんが時折り横車を押したりすると、「あなた、それでは世間さまが承知いたしませんよ」とやんわりたしなめるが、それ以上、政治に口ばしは絶対に入れない。生一本で、正直すぎて、傲慢《ごうまん》のそしりを受ける池田さんをカバーしているのが満枝夫人である。

内助のありがたさを、身にしみて感じているはずの池田さんも、ふだんはけっして感謝の言葉などかけようとはしない。

「ぼくに向かって、こんど家へきたら、家内に心では感謝しているんだって、そう伝えてくれと頼むんだから変な男だよ」と友人の宮里さんをあきれさせたりする池田さんである。いわゆるテレ屋なのである。

夫婦二人っきりのときでさえ、優しい言葉をかけようとしなかった池田さんが、たくさんのマイクや参会者を前にして、満枝夫人を仰天させた還暦祝いの挨拶は、新聞記者のいうように一世一代の名演説であったのかもしれない。

虚飾をすて、裸の人間になって、はじめて言える言葉であろう。

「……私の今日あるは、ここにおります家内のおかげであります」

「……お前のおかげで総裁になれたよ。ながいあいだ、ありがとう」

直子夫人の霊に「妻としての私を見ていてください」と念じて、居間に写真をかかげ、生まれた娘に同じ名前をつけて、ひたすら歩みつづけた二十六年の歳月が、満枝夫人の心の中で静かな愛の年輪をきざんでいく。

栄光は純愛によってひらいた。


（昭和三十六年五月放送）

〈取材ノート〉


私が時の総理大臣に出演してもらおうと思ったのは一国の総理が出ると番組の格があがり評判になるだろうと考えたからではなかった。ふとしたことから池田さん夫妻の純愛を知ったのだった。エリート官僚の道を歩みはじめた池田さんが奇病にかかり歩行も困難、前途には絶望しかないという状況のなかで、遠縁にあたる幼馴染みの満枝夫人が献身的に看病をして奇跡的に生き返ったというのである。

「よし、出演交渉をしよう。番組にふさわしいご夫婦だ」

「しかし、どうするのよ。総理大臣の部屋に直接電話はかけられないだろう。手紙でお願いする方法もなくはないけど」

「総理大臣のスケジュールを握っているのは秘書官だ」

私はためらいもなく秘書官に電話をして番組内容を説明し、出演を依頼した。ところが秘書官の返事は剣もほろろ「君は何を考えているんだ。総理がそんな番組に出るはずはないだろ」ガチャン。首相官邸とやりあってもラチはあかない。こちらの真意は総理に伝わることはない。それならと池田総理の私邸を調べたら六本木の局から遠くない信濃町とわかった。満枝夫人は温かく迎えてくれ出演の話を総理に伝えると約束してくれた。そのとき出してくれた紅茶がおいしかったので「明日またお伺いします」。おいしい紅茶にひかれて日参五日目の午後おそく、ようやく総理にお目にかかれた。

「話は聞いている。六本木のスタジオは近いのだから中島君、この家で放送できないかね」

「できます。すぐ準備をします」

池田邸からの中継放送はスタジオ以上の効果をあげた。というのは、庭にある小さな池にかかる橋を二人で歩いてほしいという、私の希望がかなえられ、純愛に結ばれた夫婦像を見事に再現することができたからである。

回想（山形定房）

総理私邸とは思えぬほどの質素なたたずまいながら、廊下に大きな油絵が何点も置き放しの感じでたてかけられていたのが印象深かった。

出先から帰ってこられた池田さんは、次の予定があるためか何度も「早くしてくれ……」とせかされた。このため冒頭のナレーション「総理大臣に就任して以来ほとんど自分の時間がなくなって……」には実感がこめられたと思う。

国政のご意見番健在

評論家
小汀利得・幸子

おばま　としえ＝経済ジャーナリスト。明治二十二年島根に生まれる。日本経済新聞の編集局長を経て社長。細川隆元とコンビを組んだテレビ番組「時事放談」での毒舌が人気をよんだ。日本恐妻会の総裁。

小汀の毒舌は私心がない

これこれしかじかの番組だけど出演していただけないか、という電話に対して小汀さんは「つまらん夫婦だけど、あんたの方でいいと思うんなら出ましょう」と答えた。

天下に名だたる毒舌家、ちっとやそっとの出演交渉ではオーケーしまいと覚悟していただけに、小汀さんの返事は意外であり、スタッフ一同すっかり喜んでしまった。

あらかじめ、きめてあった取材の日に、司会の山形アナウンサー、ライターの町田富男さん、助手にカメラマンとスタッフ数人は撮影機材を小汀さんのお宅に運びこんだ。うまくいけば、半日もあれば取材も撮影も終わってしまう予定であった。

二階の応接間に案内されたまではよかったが、ほどなく現われた和服姿の小汀さんは椅子に座りもせず、いきなりこう言いだした。

「さっき、放送をみせてもらったが、あんな派手な番組にはとても出られん。せっかくだが断る。番組を見終わってすぐに電話をかけて断るつもりでいたが、約束の時間がせまっているし、まァ、ここへきてから断ってもいいと待っていたわけだ。お気の毒だが、とてもあんな晴れがましいテレビには、わしら夫婦は不向きじゃ、それにぜんぜん他人の模範になるような夫婦じゃない」

少々おおげさだが、私はいっぺんに血の気がひいてものが言えなくなってしまった。困ってしまって、助け舟を求めるようにスタッフを見まわしたが、誰も彼も黙りこくって、バツの悪そうな顔をしている。

(小汀さん、いまさら、そんな無理を言われてもこっちが困るじゃありませんか。だいいち約束が違いますよ)

そう抗議をしたかったが、とてもそんな勇気はなかった。番組が派手だと言われるとたしかにそんな面もある。芸能人の夫婦の場合など、とくにその傾向は強くなり、それがまた、一種のノゾキ趣味で視聴者にアッピールしていたのも事実である。晴れがましくないこともない。

夫婦が同席してお互いに夫を語り、妻を語り、おしまいには結婚式よろしく二人でケーキを切るというのだから、やっぱり晴れがましいのだろう。

この日、小汀さんが見た放送は私の担当ではなく、地方局で制作し、私はぜんぜん関知しないものであった。関西一流の二枚目俳優が登場したり、歌をうたったり、ゲストがおめでたいことだというわけで、花束を贈って夫婦をほめたたえたり、アカデミー賞でも貰ったような騒ぎをスタジオ中に繰りひろげたものだった。

どういうわけでおめでたいのか、担当の私にもよくわからないが、いつのまにか「夫と妻の記録」に出演することは名誉なことであるといったようなムードがつくられてしまっ

左より山形アナウンサー、小汀利得・幸子夫妻、斎藤英三郎、長男、孫

た。そして、いちばん困るのは、番組にでる夫婦はすべて模範的夫婦であるような見方をされ、そうでなければならぬといった固定観念が視聴者の側にも出演する側にもでてきたことである。

実際には、どんな夫婦が模範的であるのか、私にはわからないし、夫婦問題の評論家みたいな人たちが言っていることも一応はもっともと思いながら、私にはうなずけないことが多い。たとえば夫婦喧嘩をしない夫婦が模範的で、するのはいけないことだという皮相なつかまえ方では夫婦というものはほんとうにはわからないのではあるまいか。

さて、みんな黙んまり戦術ではいつまでたってもラチはあかない。いちばん簡単なのは、どうも失礼しました、いずれまた機会がありましたら……と態よく挨拶をして退散することである。しかし、出演したがる人が多いなかで老いの一徹みたいに頑として拒絶をした小汀さんに魅力を感じていた。

「先生、まァお座りになったらいかがですか？」

主客転倒の言葉が口をついて出たのには、言った私の方がびっくりした。一喝されるかと思ったが小汀さんは、

「せっかくここまで来たんだからお茶でも飲んでいきなさい」

と言ってくれた。（しめた！）

それからさき、私は何をしゃべたか、はっきり覚えていない。先生の毒舌は私心がないだけに聞いていて気持ちがいいとか、教養番組だなんて七面倒くさい構えはぬきにして、ふだん着で出演されたらどうでしょうとか、自信もないままにとりとめもない雑談を、ひとりで二十分もしゃべったろうか。

そのうちに、小汀さんはときどき大きな笑い声をたて、お茶を運んできた奥さんを紹介するのに「ごらんの通りの愚妻だけど、君たちはいいのかい」と言った。

いつのまにか、小汀さんは出演を承諾してしまったらしい。

「では書斎の方から撮るかね」

と言ってしまってから、しまったという表情で、

「君、ひどいじゃないか。わしは断るはずだったんだが、ぺてんにかけられたようだな。うん、その調子なら君はテレビ局をやめても食い外れはないよ」

「はあ？」

「君なら保険の勧誘員になっても結構やっていけるぞ」

「ありがとうございます」

スタッフ一同もどっと笑いだした。

あとになって山形アナが「小汀先生すいせんの説得力」とかなんとかいって、私を冷やかす

のであるが、もし、私が保険の勧誘員になったら、一件もとれないうちにお払い箱になってしまうだろう。かつて、広告とりをやったことがあるが、その時もさっぱり成績があがらなかったのである。小汀さんも案外に人を見る眼がない、とひそかに私は思ったことであった。

日本経済新聞で経済記者から社長に

小汀さんは明治二十二年に、島根県の貧乏士族の三男に生まれた。高等小学校を卒業して新聞記者になる志をたてて上京。まず、新聞配達の小僧になった。

すばらしい記憶力をもった少年で、仲間が四、五日かかってやっとおぼえる配達区域を一日で頭に入れてしまう。それも専属の配達少年が休んだときに臨時雇として働くだけで、一定の生活費を稼ぐともう出てこない。そして下宿で好きな語学や数学に熱中している。そのうちに金がなくなると、また新聞配達をやりだすという具合で、ほかの少年たちとは一風かわっていた。目的は新聞配達でえらくなることではないとわりきっていた。

「ぼくのは『苦学力行』じゃなくて『楽学遊行』だったな」

と、小汀さんは余裕をもった笑いかたをした。

新聞配達から時事新報の発送係になった。夕方の六時ごろ、銀座から上野駅まで新聞を荷車につんで、ヨイショヨイショと走り、仕事がすむと駅にとまっている汽車にしのびこんで、釜の水で汗だらけの身体を洗って涼しい顔をしていた。フロ代がなかったのである。

大正四年、早稲田大学政経科を卒業、安部磯雄の紹介で当時の衆議院議長、島田三郎の秘書になった。ここで、取材にくる新聞記者たちのあまりの俗物的言動に失望して、横浜の貿易会社に勤めてみたが、やはり記者への夢は捨てきれず、三十代から新聞人になった。中外商業新報、つまり今の日本経済新聞社に入って、経済記者になった。

このころから、すでに名うての毒舌と鋭い論陣をはって、敏腕の記者として鳴らした。浜口内閣のときなど、井上蔵相の金解禁に猛反対の筆陣を張ったりした。向こう見ずなくらい気の強い男であった。

「日本経済新聞社にそう長くいるつもりはなかったんだよ」

というので、それにしてはずいぶん長いですね、と聞くと、

「うん、先輩たちによってたかっていじめられたんだ。こんちくしょう、いまにみていろというわけで、意地になって働いたんだな」

という返事である。

経済部長から編集局長、主筆、ついに社長にのしあがり、戦後にパージで社長の椅子を退いたが、現在も顧問で日本経済新聞社の主みたいな人である。

そのほか、国家公安委員をはじめ経済、教育、労働、防衛など十指にあまる公職についてい

る。

昭和二十六年、時の総理吉田茂さんから国家公安委員長の役を依頼され、これを引き受けるにいたったとき、小汀さんは警視庁に行って十本の指の指紋を登録した。いつどこでバラバラ死体にされるかわからない。そういう非常事態を予想してのことである。当時としてはそれだけの覚悟も必要であったのだ。

毒舌も罪のない野次馬的発言なら問題もないが、真っ向上段の国政批判となると、それなりの見識、自信、覚悟も必要になってくるのである。

日教組の全盛時代に「このごろの教育はくさっている。日教組は暴力を肯定する団体」だときめつけ、安保騒動のときは「安保には賛成だが岸は悪い奴だ」、また、浅沼稲次郎刺殺事件のときも「テロは悪いが浅沼もよくない」と言いにくいことをズバリと言ってのけるあたり、しゃきっとした明治生まれの土性骨を感じさせるに充分である。

戦争中でさえ、「生めよ殖やせよ」の時代に敢然として育児制限論を説いてゆずらなかった。「考えてみなさい。日本みたいな貧乏な国に、ウジャウジャ子供ばかりできたら、いったいどうなる。一人でもよけいに兵隊をつくろうなんて国策は頭の悪い軍部の馬鹿者どもが考えそうなことじゃ」

自ら「口八丁手八丁」と名乗り「何でも屋」といわれるくらい、いろんなことに口を出すが、それはいつの場合でも単なる思いつきやでまかせではなく、ちゃんと筋の通ったものである。裏づけがいる。勇気がいる。「わしに言わせると、言いたいことを言わないやつが多すぎるんだ。わしはほんとうのことを言っているだけだよ」

ほんとうのことを言うには、なによりも自らを律する日々の生活態度が問題になる。天下のご意見番であることは小言幸兵衛とは根本的に違うのである。小汀さんは酒、たばこ、ゴルフ、マージャンのたぐいは一切やらない。趣味はといえば、せいぜい本を集めることぐらいである。そして呆れるばかりに本を読む。

一階にある書庫には、それこそ和洋、古今の蔵書がぎっしりつまっている。ジャンルも専門の政治、経済書はもとより、科学、文学、風俗にいたるまで雑多である。二階の書斎がこれまた本の山である。きちんと整理されているならともかく足の踏み場もないくらい本が積み重ねてある。

「先生、もうちょっと整理なさった方が便利なんじゃありませんか」

「余計なことを言っちゃ困る。これで結構整理されておるんじゃ、雑然としているように見えるが、どの本はどこにあるとちゃんと本人にはわかっておるんじゃ、心配せんでもよい」

「ほんとなんですよ。あんまり、みっともないから片付けようと思って机の上の本を揃えると大変なんですよ。散らかっていないと落着けないんじゃないでしょうか」

と傍から幸子夫人が困ったような声をだす。

「本だけは大事にしているんですよ。女房より本が大事なことはほぼ間違いないところですわ。四十年もまえから、貧乏なサラリーマンのくせに月給より高い本を買っていたんですから……でも、そのおかげで私も勉強させてもらいました」

夫婦揃って「本は貯金みたいなもの」

幸子夫人は北海道の生まれで銀行家の娘、日本女子大の国文科に在学中、小汀さんと知り合って、ひとかかえほどのラブレターが交換されたあげく、女子大を中退して結婚生活に入った。大正七年のことである。今年は四十四年目にあたる。

国文科に在籍していただけあって幸子夫人もその道について造詣が深い。国文学は結婚前からの夫妻共通の趣味で、小汀さんの書庫には国文学に関する重要文化財級の貴重な蔵書がたくさんある。

「主人の本集めは少し病的なくらいなんですの。恥ずかしい話ですけど、結婚したてのころ月給をみんな注ぎこんで本を買ってしまったので、夜のオカズが買えないんです。仕方がないから豆腐屋さんに頼んで豆腐を貸してもらったこともあるんですの。ちゃんとしたサラリーマンなのに、ほんとに恥しいことでしたわ」

と奥さんがいうと、小汀さんがひきとって、

「そんなことがあったな。しかし、まァなんだな。本は貯金みたいなもんだ。修養にもなる。いまどきの若い青年は本を読まなさすぎるよ。ダイジェスト文化の悪い影響だな」

娘時代から、どちらかといえば反逆的で人生の野党派、出世や財産づくりには無関心の方で、まして名流夫人よろしく着飾って出歩くことが大きらい、物見遊山に行く暇があれば、家にいてジックリ内外の文学書でも読んでいたい方である。

「だから、夫を世間に押し出すための内助の功など家には薬にしたくてもない」

と小汀さんの毒舌が奥さんの方に向いてきた。

「家内のいいところは、亭主を出世させようと思わんところだな。むしろ、足をひっぱって出世の邪魔をしおる。内助の功とはこのことだよ。しかし感謝はしているよ」

どういうことですか、よくわかりませんが、と聞くと、幸子夫人はこう説明してくれた。

「講演会とか公職の仕事のほかに、いろんなことで身体がいくつあっても足りないくらいなのに、主人はなんでも引き受けちゃうんですの。それで、私がスケジュールがいっぱいで無理です、断って下さい、と頼んだり、自分で判断のできる場合はその場で断ってしまうものだから『内妨の功』なんですって。年寄りなんだから身体のことも考えませんとねェ」

「亭主に仕事をさせないように、させないようにと妨害しているんだから困った家内だよ」

と言いながら小汀さん自身ちっとも困った顔はしていないのである。

「先生の毒舌は奥さんにも遠慮がありませんか」

「そりゃもう、ひどいものですけど、わたしも負けていませんから……」

と、しとやかな幸子夫人は微笑しながら答えた。辛辣《しんらつ》な毒舌家も家庭では奥さんに頭が上がらないのかもしれない。

「先生のような立場にあると奥さんもこわい思いをすることがあるんじゃありませんか」

「ええ、電話や手紙で物騒な脅迫をしてくることもあります」

「たびたびですか」

「そうです。でも別にこわくはありませんわ。馴れてしまっているのかしら……」

ふつうの奥さんだったら気が変になるか、とうの昔に雲がくれしてしまうところである。あたしは小汀の仕事になんの足しにもなっておりません、という幸子夫人であるが、この妻の座はふつうの妻の座以上にきびしいものであることが感じられるのだった。

月給袋は女房に渡すべからず

スタジオで、小汀さんは家庭経済のあり方について独特の持論をぶって山形アナをびっくりさせた。

「奥さん、小汀先生が経済の専門家だけに奥さんとしても困ることがおありじゃないですか」

「いいえ、家庭経済の苦労なんてあたしはなにも知りません」

「といいますと……」

「それは、わしから説明しよう。わしは昔から主張を持っていて結婚以来ずっとその主義を通しているんだ。つまり『月給袋はそっくり女房に渡すべからず』ということだ」

「はあ……」

「女は経済の専門家でもなんでもない。妻になったからといって一家の経済をとりしきるほどの能力はありはせん。それに女ってヤツはしみったれだから五千円出さないかん交際に三千円ですまそうとするからいかん。

見栄や体裁もあるだろう、面倒くさいからかもしれん、世の亭主族は月給袋を女房にあずけて、さも道徳的にいいことをしたような顔をしているが、あれはちっともいいことじゃない。亭主としての義務を怠っていることに気がついておらん」

その結果、四十七年間、夫の収入がいくらであるか、ついに知らない幸子夫人に向かって感想を求めると、

「かえって助かってますわ。いるだけのものは使わせてもらっているんですから、別に不平も不満もありません。ややこしいことをしないだけ有難いと思っています」

ということであった。

あらゆることに筋を通して生きていく気概と信念が、毒舌家というよりは、声なき大衆の代弁者としての小汀さんの人生を支えているのである。社会正義が求められる時代である限り、小汀さんの声は消えないであろう。

（昭和三十七年十月放送）

回想（山形定房）

「政財界人が一目おく存在、毒舌家」などなどの先入観が強かったが、話をしてみると誠実なお人柄。いや誠実だからこそ己にも厳しく、世の不正には一家言放たずにはいられなかったのではないか。夫人は「良き理解者」というより大きな駄々っ子を上手にあやしている、という印象をうけた。

漫画界の鬼才と姉さん女房

漫画家
富永一朗・礼子

とみなが　いちろう＝漫画家。明るくて、よく人を笑わせた。テレビでゲスト出演した吉行淳之介、山田吾一さんも手放しで夫婦の仲のよさを語った。しかし漫画家の道は平坦ではなかった。ヨウカンを練りタドンをねった。

愉快な夫婦

つい先日、テレビ局の喫茶室でバッタリ富永一朗さんと奥さんに会った。

「ちっとも変わりませんね」

というと、相変わらずの童顔をあげて、

「貫禄でてきませんか」

という。

「貫禄は名実ともに充分だけど……」

と言いかけると、

「中年ぶとりですね」

とやられた。

若い人である。いつまでたっても老いることを知らない新鮮なエネルギーを持っている。富永さんの漫画のもっている不思議な魅力は、この若わかしさにあるのかもしれない。

いつも控え目で静かな奥さんに聞いてみた。

「最近、富永さんいかがですか。四、五年前とくらべて」

「ええ、あの頃より威張ってるのです」

「ほう、どういうふうに」

「わたし、『あなた』って呼べないんです。ずーっと昔から『いっちゃん』って呼んでるんですけど、それが気に入らなくて『先生』って呼べですって」

富永さんはニヤリと笑って、

「これいうと家内怒るんですけどね。彼女は僕より年上だからゼッタイ先生と呼びませんよ。もっとも、後から生まれた僕を先生と呼ぶのは抵抗ありますかね」

「このとおり威張って困るんですよ」

楽しい夫婦である。口ではぞんざいな表現をしながら、ホノボノとした温かさをいつも持っていて、まわりの人たちまで楽しい気分にさせる、そんな夫婦である。

授業中に漫画を描く少年

富永さんが漫画に夢中になったのは大分県佐伯小学校の五年生の時分からである。家にいるときはもちろん学校でも休み時間になると絵を描いていた。しまいには休み時間だけでは足りず、授業中でも先生の似顔を描いていてエッにいっていた。

ある日、担任の清水先生に見つかった。雷が落ちてくるとカクゴをきめて首をすくめている富永少年に、清水先生はひとこと「うまいな」と言ったきりであった。これで安心して、以後は授業中も漫画ばっかり描いていた。先生公認のいたずら描きなど前代未聞であろ

左より富永一朗・礼子夫妻、杉浦幸雄、吉行淳之介、山田吾一

う。それというのも、富永少年がほんとうに漫画がうまかったからばかりでなく、勉強の方もよくできたからである。卒業の時は優等総代であった。

中学をでる頃になると、漫画のことなどサッパリと忘れて、ひたすら南方雄飛の熱にうかされ、ジャワへ行くことを夢みていた。土人の王様になって優雅な人生をおくる、これ男児の本懐なりと思ったのかどうか、とにかく南の国にあこがれた。しかし、いまとちがってジャワは遠かった。そこで、とりあえず台湾に渡った。台湾を足場にして、ジャワに渡ってやろうという計画であった。母親を安心させるために、無試験の台北師範に入ったまではよかったが、その夢も終戦であっけなく潰え去ってしまった。

さっそく、食べるのにこまってヨウカン屋の職人になった。毎日毎日ヨウカンねりである。生来酒が好きでたまらないという男が、甘いも甘いヨウカンに埋まった生活を強いられたのだから、いい加減ウンザリしたのもムリはなかった。夜など、ヨウカンのお化けに追いかけられてうなされる始末であった。

ようやく故郷に引き揚げてきて、ブラブラしていても仕方がないので、親戚の炭屋を手伝った。今度は明けても暮れてもタドンねりである。真っ黒になって働くのはいいのだが、損得の勘定がないので、ヤタラにタドンを近所の人にくれてしまう。値切られると気がいい方なので承知してしまうので、ついにクビになった。

二十三歳のとき、隣村の小学校の先生になった。五年生の受持である。生徒が授業中にいたずら描きをしても、身に覚えがあるので叱るわけにもいかない。それでもマジメな生徒に人気のある先生であった。

先生稼業は三年で足を洗って東京へ出た。今度はいたずら描きではない。ホンモノの漫画家になる決心であった。しかし、おいそれと漫画家になれるはずもなかった。興信所のアルバイトをしたり、失業保険で食いつないだりしながら、せっせと漫画を描いた。

上京四年目、なんとか漫画で食べていけそうな気がしたので、お嫁さんを貰うことにした。結婚式は、昭和三十年六月の暑い日だったので、花嫁が暑さにうだってのびてしまい、新郎はびっくり仰天、ヤタラと親切にカイホウしたそうな。

花嫁は富永さんの幼馴染み。気だての優しい人で村でも評判の美人。富永さんの母方の遠い親戚になるので、ワンパク小僧時代にはよく遊んでもらい、年上なので、もっと小さい時分には子守までしてもらった仲、というのでは富永さんが頭があがらないのもムリはない。

「義理を感じているんですよ。幼少のミギリ、家内の背中でオシッコをもらしたナンテこればっかりはどうにもいけません。亭主の威厳もあったものじゃありません。ひたすら感謝、お世話になりましたと合掌するばかり……」

「でもないんですよ。口では殊勝なこと言いながら亭主の威厳は充分すぎるくらいふりかざしていますから……」

「いやいや、男ってものは弱いものです。とくに鼻タレ小僧の時分、面倒みてもらったとなると、一生かけてご恩返しをしなくちゃ、アイスマンと思っております」

「ホントにそう思っていらっしゃるなら、もっと大事にしていただかなくちゃなりませんわ」

「ハイハイ」

漫画界の鬼才出現

富永さんが本格的に漫画界にデビューしたのは、昭和三十五年、人気主人公第一号の『ゴンさん』によってである。自費出版をしたこの本の序文に、杉浦幸雄さんはこう書いている。

「鬼才現わる！　漫画界待望の鬼才がついに現われてきた。

コッケイ、オトボケ、ゲラゲラ派としては加藤芳朗氏以来の人材ではないかと思います。コッケイ、オトボケ、ゲラゲラの背後には背骨もあり、なにやらのペーソスもあり、なかなか盛り沢山です。まことに前途の楽しみな漫画家であります」

杉浦さんが「漫画界待望の鬼才」と見抜いたとおり、富永さんはたちまち頭角を現わして、ポンコツ・ブームとでもいえそうな凄まじい人気を巻きおこした。富永さんの漫画は歌になり、映画になり、バーのホステス、八百屋のオバサンはもとより大島渚、吉行淳之介などひとくせあるインテリまで一挙にファンの層を拡げた。

すぐれた漫画家の作品というものは、特殊な階層のファンに固定することがない。横山隆一の「フクちゃん」、長谷川町子の「サザエさん」、加藤芳朗の「オンボロ人生」などは学歴や職業のちがいをこえて、あらゆる人々に笑いや喜びを提供している。富永さんの場合でもそうである。「ゴンさん」「ポンコツおやじ」「チンコロ姐ちゃん」など一読、いや一見して誰でも笑いだしたくなるほどパンチがきいている。

富永さんの漫画の登場人物たちは、徹底的に行動する。意表をついて飛び上がり、ひっくりかえり、ラブ・シーンともなると猛烈に抱きあい、逃げるときはバクダンのようにまっしぐらに駆けだす。おでこに異様な目玉をくっつけた人物たちが、目まぐるしくとび回り、ときにはギョッとするような人間本能をさらけだす。それでいて登場人物たちの誰ひとりとして憎めない。

富永さんの漫画のファンは誰しも、私小説的な意味での作画のヒミツを知りたいと思うであろうが、それは全くのナンセンスである。富永さんの漫画には私小説的な匂いはミジンもない。一風変わったヘンクツの作家の生活を覗こうとしても、そんなものはどこにもない。きわめて常識的な、普通人以上に常識的で健康な生活があるだけである。テライもなければキザさもない。平凡そのものの生活の中から、どうして、ああもギョッとするような人物たちがパンチのきいた活躍をするのか、実のところ私にも不思議である。

一日平均十三時間。机の前に座ったきり。富永さんは描きながら考える。考えながら描く。外へでてネタを拾うということをしない。ギョッとするようなギャグも奇想天外のアイデアも、すべて仕事部屋の中で生み出される。それでいながら、新聞連載が毎日一回、週刊誌が七つ、月刊が十三、そのほかにも沢山の臨時の仕事をかかえ、ときにはテレビに出て、それでも締め切りに遅れたり、編集者を待たせたりしたことが一度もないという。

これはたぶん、小学校五年生で先生公認の漫画を授業中に描きなぐり、ジャワの王様を夢見、そしてヨウカンねりやタドンねりにあごを出し、アルバイトで食うや食わずの生活をしてきた富永さんの、あまりにも庶民的な人生体験に、天才的な想像力と社会批判の鋭い眼がプラスしての結果であろう。

楽しきかな人生

喫茶室での会話のつづき。

「ともあれ、富永さんの人生いうことなしですね」

「そんなことはない」

「そんなことありませんわ」

夫婦は揃って異口同音に言うのである。

その理由がふるっている。

「酒が好きなのは事実だけど、いわゆる大酒飲みとか酒豪じゃないですね。仕事のこともなにもかも忘れてバーの止り木にいるのが好きなんですよ。それも不平や不満の吐け口としてじゃなく、ただ、そうしているのが好きなんです」

「それはよくわかりますね」

「でしょう。男なら誰でもわかる気持ちです。いや人間なら理解できる世界です」

「あら、それじゃあたし人間じゃないみたいですわ。そんなに『いっちゃん』を束縛しているかしら」

子供みたいな言い合いである。これから先の会話はもっと子どもじみてくる。やはり、幼い時分によく遊んでもらい面倒をみてもらったことのある姉と弟の会話のように、この夫婦の言い合いには、どこか童心の美しい響きが流れているようである。

「富永さん、酒を飲むのはいいけど度をこしたり、夜更しはいけませんよ」

「酒の量ったって、たいしたことはないんだ。夜更しといったってさ、そんなに毎晩夜明けというわけじゃないし……」

「夜明け⁉」

「そうなんですよ。夜明けまで飲まないで下さいっていうの、妻の立場であたりまえでしょう。それをこのひと……」

「うちの奥さん、午前二時まではよろしい。しかし五時まではダメだってきかないんですよ。これを認めてくれれば、人生いうことないんですがね」

と富永さんが憮然とすると、奥さんの方は、

「五時までなんてゼッタイいけません」

とがんばる。それさえ止めてくれたら人生いうことなしだ、という。

午前二時まで飲み歩くのはよろしいと、快く亭主の深夜帰宅を迎えてくれる奥さんはそうザラにはいないだろう。だから私は富永さんその申し出は承知すべきだ、と言おうとして止めた。悪童やつわもの揃いの漫画界にあって、富永さんの品行はまさに優等総代と目されている。奥さんの方もそれを充分に知ったうえでの発言である。

童顔の売れっ子漫画家と、その姉さま女房の可愛いいさかいは、ハタを羨ましがらせるばかりであるようだ。

(昭和三十七年八月放送)

放送後　番組が終わって一ヵ月ほど経ったころ局の喫茶室で会ったら、笑顔で手をあげて挨拶したまではよかったが、コーヒーを注文したあと猛然と抗議しはじめた。

「中島さん、困ったよ。被害甚大、もうどうしていいかわかりません」

「なにがあったんです？」

「あなたの番組に出たばっかりに銀座でさっぱりモテなくなりました。なかには富永さん結婚してたんですかって」

「美人の奥さんでよかったぢゃないですか」

「とんでもない」

さかんに被害を訴える富永さんの眼が笑っていた。

回想（山形定房）

放送台本を見ると、富永さんのポンコツ親爺、ゲスト杉浦幸雄氏の美人ママの絵と並んで吉行淳之介氏のサインがある。富永さんと吉行氏、ちょっと異色のとりあわせだったが、それだけ富永さんの漫画と文はファン層が広かった。富永さんはまさにサービス精神に富んでいた。それが家庭でも同じということが夫人の言葉の端々からうかがわれ、じつに楽しいご夫婦だった。

雷も坊やと碁にはえびすなり

棋士 升田幸三・静尾

ますだ　こうぞう＝棋士。「名人に香車を引いて勝つまでは帰ってきません」という書置きを残して家出したのは十五歳。昭和二十一年木村名人を破り、昭和三十二年には王将、九段などすべてのタイトルを独占。

孤独の勝負師

勝負師という言葉ほど非情なひびきを持った言葉はない。それを聞くたびに、私はやりきれない孤独さときびしさに圧倒されてしまうのである。

人は言うかもしれない。なにもプロ野球の監督やボクサーだけが勝負師ではない。つきつめて考えれば、人生のすべて、勝つか負けるか、そのどちらかしかない。とすれば、いま生きている人間誰でも勝負師なのだと。有為転変の多い人生は、たしかに勝負師的性格を持ってはいるが、瞬間瞬間に勝負を賭け、それがそのまま人生であるという切実な生き方と同じにはできない気がするのである。

わたしは勝負師ほど孤独な人生はないと考えている。たとえばのはなし、ファイティング原田選手がタイトルマッチを闘うとしよう。セカンドの助言、ファンの声援は彼を勇気づけてはくれるだろう。しかしリングにあがった彼はひとりぼっちだ。

なぜなら闘うのは彼ひとりだからだ。彼は出血し、ハンディを負っても誰ひとり、彼の苦しい闘いに参加できる者はいないのだ。あらゆるラウンドが優勢であっても彼の闘いの孤独さに変わりはない。その意味で、勝負師ほど自分ときびしくむきあって生きる人生は少ないだろうと思う。

もうひとつ、私が勝負師に感ずるイメージはその悲劇性である。勝ってあたりまえ、負けることの許されない世界に生きる人間だけがもつ鋭い悲しみがあることだ。勝って両手を高くあげるボクサーにも、やはり勝負師独特の悲劇感がつきまとっている。

なかでも本篇の主人公、升田九段ほど「悲劇の将軍」として喧伝され、大衆に親しまれている勝負師はいない。

私が升田幸三九段を訪ねたのは数年前の年、名人戦が終わったあと、静養のため当分休場を声明し、ちょうど十カ月経ったころである。頬がこけ、眼光だけが鋭く光っている病みあがりの升田九段は、ことさらに悲劇的な感じがするのであった。

「今度もずいぶん、長い休場ですけど、升田さんのいらしゃらない将棋界は、精彩を欠いて、ずいぶんと寂しいという声を聞くんですが……」

「全く、そのとおりです。家の中で、いちばん大事な柱が失くなったような感じですよ」

というのは友人である朝日新聞の春海さん。

「長期休場といえば、一昨年も胃潰瘍で入院。それから七、八年前ですか、肝臓の病気でやはり一年ばかり休場なさったことがありますね」

「それだけじゃないんです。急性肺炎、黄疸と大病の絶え間がなかった」

「加えて召集が二回でしたね」

「あわせると五年になりますね」

三十数年の棋士生活のうち、三分の一は完

升田幸三・静尾夫妻

全に空白になっているわけである。それも、とびとびに抜けているのだから勝負師としては非常な重荷であった。そのなかから生み出された升田将棋の本質について、ある評論家はこう書いている。

「升田は十五歳のとき、家出をして将棋の世界にとびこんだ。母親の一尺差しの裏に『名人に香車を引いて勝つまでは帰って来ません』という書き置きをしての家出であったが、ご承知のように、香車を引くことは二段の優位を誇ることになる。天下最高の名人に香車を引いて勝つとは、たとえ血気にはやる少年の夢にしても、それは途方もなく大きすぎるし、プロの怖さを知っていての決意とすれば、末恐ろしい気概といわねばならない」

後年、四十歳にいたり、ときの王将戦に大山名人を差しこんで、升田は少年の日の決意を実現させているのであるが、一生を貫くその気概こそ、升田将棋の本質を形づくっているものといえよう。

まさしく、すべてのファンの升田九段に対する尊敬と魅力は、その将棋にかけた情熱の凄まじさ、気魄にあるといって過言ではあるまい。つねに闘う姿勢にあり、負けることを許されない場所に自分をおいているきびしさが、強烈にファンを魅了するのである。そして、その闘いが病気によって中断するとき、升田九段は自ら望まずして「悲劇の棋士」といわれる。しかし、この言葉にはファンの升田九段への限りない愛情が感じられるのである。

鬼才升田の気魄

家出をしてまもなく、升田少年は大阪の木見金次郎門下になった。十七歳で初段、二十一歳で六段という天才的な昇段ぶりで、関西棋界の注目を浴びた。

最初の召集から帰った翌年に七段、ぐいぐいと頭角を現わしていったが、しかし世間が升田九段の底抜けの強さを知ったのは、戦後になってからである。戦争中の升田九段は、二度目の召集で南方前線に赴き、生死の境を彷徨《さまよ》う苦しみを味わった。このとき、九段が失わなかったものは激しい気魄だけであったかもしれない。

戦後に始まった初の順位戦で、当時十年の不敗を誇っていた木村名人を、香平平の三タテでくだしたとき、世間はあっと驚いた。

強烈な意志による升田九段の突っ込み戦法——それは、理論的に行き詰っていた近代将棋の壁を突き破り、将棋の歴史に新しい一頁を加えたのであった。しかし、そのときすでに、新たなる悲運がしのびよっていた。

木村名人を破ったとき、誰しもが次は升田九段の時代だと思ったにちがいない。ところが、前面には同じ木見門下の弟弟子である大山さんが迫っていた。そして内部では牢固として抜きがたい数々の持病に苦しめられてまったくのピンチであった。

昭和二十三年の暮、凍りつくような真冬の高野山で、大山さんとの間に最後の順位決定戦が行われることになった。交通不便、しかも雪の中を、ドタ靴をはいた升田九段はあえぎながら登っていった。しかも高熱にうかされながらの難行軍である。勝負の世界に弁解は通用しない。対局するまえに、すでに勝負はついていた、という人もいるくらい病弱の升田九段にとっては、大きなハンデであった。だから将棋に興味をもつ人たちのほとんどが升田九段に同情して、この対局を「高野山の決戦」と呼び、いっそう升田九段の悲劇を象徴することになった。

ともかくも、この敗戦によって九段は名人たるべき道を絶たれ、ながい足ぶみを余儀なくされた。静尾夫人と所帯を持ったのはこの間のことである。

やがて十年目の昭和三十二年、升田九段は宿願の名人位を獲得するとともに、王将、九段もあわせ得て、初の三タイトル独占の栄光に輝いた。

だが、その翌年には、またもや胃潰瘍で入院、病気を押して大山九段の相次ぐ挑戦を受けねばならなかった。身体は細り、眼はくぼみ、さながら将棋の鬼のごとくであった。その気力を支えていたものは、ひとえにタイトル保持者の責任感であったという。

かくて、宿命のライバル、大山名人に一つ、また一つとタイトルを奪われて、最後の名人位を失ったのは、昭和三十四年六月十二日のことであった。

普通の棋士であったら、絶望のどん底で自分を見失っていたかもしれない。しかし、升田九段の気魄は、どんなピンチの状態でも、次のチャンスを待つ余裕を生んだ。

日本一わがままな亭主

静尾夫人の俳句に「雷も坊やと碁にはえびすなり」というのがある。

狷介不羈、頑固な亭主も子どもにだけは手放しで甘い。その子供たちを相手に、悠悠自適、静養の日を過ごす升田九段には、なんのあせりも感じられなかった。独特のヒゲも子どもたちのまえでは通用しない。

子ども部屋には、幾種類ものピストルやら鉄砲がごったがえしている。

びっくりして、どうして同じようなオモチャがこんなにたくさん？　と聞くと、静尾夫人は困ったような顔をしてわけを話してくれた。

「なにしろ甘いんですよ。二人の男の子にピストルは二つもあれば充分なのに、せがまれると買ってくるし、しまいには、せがまれなくても変わったのがあると買ってくるので、こんなにたくさんになってしまいましたの」

そのピストルをかまえて、小さな息子に射たれる升田九段の笑顔は絶品である。天下の勝負師、升田九段の面影はどこにもない。いや、これがほんとうの勝負師なのかもしれない。私には感動的な情景であった。

そのころ、胃潰瘍は依然としてはかばかしくなかった。世間の一部では、体力と年齢から考えあわせて「升田九段再起不能説」がながれていた。長期休場が続けば限界説がでるのも当然であった。

しかし、私は少しのあせりもなく静養に明けくれている姿に接して、勝負師升田九段が、このまま終わるとは考えられなかった。――やがて来たるべき決戦にそなえる秘策と闘志が渦まいていたのだ。

親しい友人たちは、升田九段のことを日本一わがままな亭主と評している。元来が、ひと一倍こまかい神経の持主である。それが病弱という重荷を背負って、きびしい勝負の世界に生きているのだ。これほど扱いにくい亭主はザラにあるまい。

その張りつめた神経をピタッと受けとめ、赤ん坊の泣き声にも気を遣う――勝負師の妻の座は、なまなかな愛情や覚悟では、つとめおおせるものではない。ともあれ、升田将棋の今後が、すべてその健康の如何にかかっている以上、静尾夫人の役割と責任はますます重い。

悲劇の将軍といわれて

ファンが升田将棋に望むもの――それは「新手一生」のあのすばらしい将棋である。一生をかけて、絶えず新しい世界を探し求め、創り出してゆく意気と気魄と激しい情熱――じっさい、升田九段は名人戦のような決定的対局にも、しばしば新しい手を試みてきた。勝負師でありながら、しかも勝敗を超えて、美しく面白い将棋をさそうという気概。ちっとやそっとの名人では、できることではない。これこそ升田九段にして、はじめてできる壮挙なのだ。

もうひとつ、升田将棋の本領はそのいさぎよさにあるといえよう。持ち時間もたっぷりある。ちょっと見たかぎりでは局面は悪くない。それでいて升田九段は投げるのである。歴代の名人がかつて試みたことのない終わり方である。それは大山名人の終了の瞬間と升田九段のそれとを比べると一目瞭然である。負けた！　と感じたら絶対に悪あがきをしない、小利口に立ち廻って、完敗する時間を稼ごうなどというミミッチさがない。敗れたら、いさぎよく首の座におる。古武士の風格といおうか、この見事な敗れ方がまた、ファンを魅きつけるのだ。いずれにしても、あまりにも日本的な勝負師が升田九段である。ふたたび彼のような棋士は生まれまい。

生涯のすべてを賭ける大事な対局においてさえ、堅実に守りをかためて、勝利への地歩をかためることにだけ汲汲とはしない。升田九段が相手にしているのは大山名人個人ではない。自分の人生そのものを賭けているのであり、全世界を相手にして勝負を挑んでいる。だからこそ、そんな大事なときでも考えているのは「新手一生」なのだ。そこから生まれてくる棋譜には、澄みきった芸術の香りさえ漂ってくる。

私は升田九段が「悲劇の将軍」で終わるのに、なんの不満もない。いずれにせよ、ほんとうの勝負師というものは悲劇的なのだから――。だが、升田九段はあまりにも日本的風土に生きた勝負師であるだけに、その生涯をすばらしい棋譜で飾ってほしいという願いだけは持ち続けている。

闘魂の棋譜――それは次第に機械的になり、野性への情熱を失いつつある、私たちの日常に対する強烈なアンチテーゼである。

(昭和三十五年三月放送)

回想(山形定房)

剣豪宮本武蔵とは、まさにこんな人ではなかろうかと思わせる升田さん。放送のあとご自宅まで送った社の運転手が「車内のお二人が『今日の番組はよかった。NHKよりあったかみがあって……』などと話しておられた」と知らせてくれた。正直、嬉しかった。ただ残念だったのは、升田九段が強烈な個性の持主だけにそのことに気をとられ、フォローする夫人の唯一と言ってもよい趣味の俳句のことにふれる時間がなかったことである。

歌人 白蓮の波瀾な生涯

宮崎竜介・歌人 柳原白蓮

やなぎはら　びゃくれん＝歌人。大正天皇のいとこにあたる貴族階級の人妻が自由を抑圧され人権を無視されたため夫を捨て一介の貧乏学生のもとに走った。その書生は孫文を助けた宮崎滔夫の息子竜介であった。

白蓮婦人の死

お年を召した人たちなら知っている、大正末期の〝あかがねごてん〟事件として一世の耳目を聳動させた柳原白蓮さんが、今年（昭和四十二年）のようやく早春のきざしをはじめた二月二十二日、東京の自宅で老衰のため他界した。八十一歳であった。

平塚雷鳥さんは、

「歌人としてりっぱな仕事を残し、人間的にも偉い人だった。〝飾りものの生活はいやだ〟と言って、嫁ぎ先を離れ、学生だった当時の宮崎さんと結ばれたとき、世間の非難を一身に浴びた。しかし、人間としての徹底した自覚ある生活をしようとやったことで、私は閉じられたカラを勇敢に破った彼女をほめたことを覚えている。

伯爵家に生まれたが、貴族にありがちな気どりがなく、日常の生活にはいたって無頓着なサラッとした性格の人だった。とくに歌には全身を打ちこんでいた。歌人としての白蓮さんは高く評価したい。晩年には世界連邦の仕事に情熱を注いでいたが、自分でも戦争で息子さんをなくし、その実感が平和運動に強く結びついていた。私は同志のひとりを失ったようでさびしくてなりません」

と追悼の文をよせている。

雷鳥さんの文章にも読みとれるように、白蓮さんは女性の自由を強く主張して、自らの人生を切りひらいた人である。これは単に白蓮さん自身のためだけでなく、古いカラに閉じこめられていた、日本の女性全体の闘いでもあったのだ。

こんにち、女性が自らの意志で愛を選び、しあわせを築いていく姿は、とりたてて近代的なというまでもなく、至極当然な権利であり、日常的なことになっている。それだけに、あるいは自由の尊さを忘れ、自由のほんとうの意味を知らずに無責任な人生をおくっている女性も一部にはいるようだ。日本における女性の自由を、心から理解できるのは、中年以上の女性たちではないかと思う。自分の意志だけではどうにもならない封建の壁のなかで、家や格式という重荷にあえいだ古い女性たちにとって、白蓮さんはすばらしい偶像であり旗手であったのだ。

その白蓮さんの死は、古い日本の女の悲しみの喪章である。

そしてまた、はげしく一途に生きたひとりの女の輝かしい愛の終章でもあった。

生前、仕事を通じて白蓮さんを知った一人として、その面影をわずかでも書きとめておきたいと思うのである。

自由と真実を求めて

私が白蓮さんを訪ねたのは昭和三十五年の夏である。目白の住居に着くまでに、柳原白蓮という女性についての概略をつかむため、大急ぎで資料をあさり、年輩の人に感想を求めた。

その結果、私は自由の戦士としての白蓮さんに畏敬

宮崎竜介・柳原白蓮夫妻

をもつと同時に、恋の闘士として世間の注目をあつめた女主人公に好奇心をもったことも事実であった。

しかし、会ってみると、ものにこだわらない上品なおばあさんであった。眼を悪くしてサングラスをかけておられるのが、なぜか神秘の匂いを感じさせたが、その話し方、たたずまい、すべて気さくで楽な気分で対することができた。一代の烈女という気むずかしさはなく、むしろ、落ちついた日本のおふくろを感じさせるのであった。

封建制の中で、自由を抑圧され、徹底的に人権を無視されてきた人妻が、身をもって女性の自由をかちとるために、夫を捨て、家を捨てて、一介の貧乏書生のもとへ走っていった……。今ならば別段珍しいことではない。新聞を賑わすほどのニュースでもない。

しかし、ときは大正十年、しかもその女性は大正天皇のいとこにあたる貴族階級の美人であるとなると、大事件であった。新聞はいっせいにこの事件を報道、賛否両論たちまち全国的な話題となったのである。

白蓮さんは明治十八年、柳原伯爵の二女として生まれた。十六歳のとき北小路子爵と結婚したが五年後に離婚。その後、一種の政略結婚の犠牲となって九州の炭鉱王、伊藤伝右衛門氏と二十六歳で結婚した。伊藤氏が白蓮さんのために建てた本邸は銅御殿（あかがねごてん）と呼ばれ豪奢をきわめた。

豪華絢爛、眼を奪うばかりの住居も、愛情のない生活にとってはただの積木細工にもひとしく、白蓮さんは懊悩《おうのう》として楽しまなかった。

その苦しい日々を歌ひとすじに托し、歌の道では「筑紫の女王」とさえ謳《うた》われた白蓮柳原燁《あき》子《こ》。

一方相手は、孫文を助けて中国革命の影の功労者となった宮崎滔天《とうてん》の長男で、社会運動家であった宮崎竜介氏である。

竜介氏は当時、急進社会主義者の集まりで名の高い東京大学新人会の有力なメンバーであり、雑誌「解放」の記者であった。この東大新人会というのは、いまでいう全学連のデモクラシーの有力な担い手であった。

このデモクラシーの夜明けを舞台として、社会主義運動の闘士と、自由のない実生活に反抗する一人の女性とが結びついた……これはごく自然ななりゆきのように思われながら、なにぶんそれぞれの生活環境が特殊だっただけに、この事件は一世の耳目を聳動させることになった。

この時代の女性たちは熱狂した。

「新しい女性の道を切り拓いた」という渦まくような賞賛がある一方、「バクレン女」とののしり悪女の見本のようにこきおろす、どちらかというと後者の非難が多く、白蓮さんの実兄は貴族院議員を辞め、彼女も柳原家の一室に監禁されたが、関東大震災を機にやっと宮崎家に移ることができたのであった。

なぜ、ひとりの女の幸福への勇敢な挑戦が社会の糾弾を受けたのか。それは繰り返すまでもなく、古いモラルの危険な崩壊に対する必死の防戦であった。封建のメンツにかかわることであったからだ。

このころの感想を求めると、白蓮さんは穏やかな微笑で、

「なにしろ、古いことですから、もう覚えていませんわ」

と言う。

夫の竜介氏も、

「あれから、すいぶん時間がたちますからね」

と言う。

もっと、べとつくシーンを想像していた私は、ちょっとはぐらかされた気がしたが、二人はそのことを歴史的大事件だとは思っていない、あたりまえの愛の姿として自然に受けとめていたわけで、そのあと、記憶の糸をたぐりながら話してくれた経緯も、とりわけて感動的な話しぶりではなかった。それは世間的な好奇心を拒絶する平凡な、そして真実のライフ・ストーリーであった。べとつくことを想像するのは、やはり好奇心のなせることで、私は深いたじろぎを感じたのであった。

歌人として母として

ともかくも白蓮事件は一世を賑わして、やがてすべての事件がそうであるように人々から忘れ去られた。実は、この忘れ去られたときから、人間の本当の生活と歴史がはじまるわけで、評価もおのずからそこに定まるわけである。夫と家と階級と栄耀栄華の過去を捨ててとびこんだ宮崎家には、貧しいながらも自由と真実があり、まもなく長男が誕生、続いて一年おいて長女が誕生した。

つつましい人間的な幸福を築きあげながら、白蓮さんは歌と文芸の世界に活躍を続け、竜介氏は弁護士として立ち、もっぱら自由と人権を守る闘いをかさねていった。

進歩的な社会運動に弾圧はつきもの。竜介氏の場合もつねに憲兵隊の弾圧を受けながら、昭和前半の暗い時代を闘い抜いた。そして戦争である。反戦運動の闘士としての竜介氏はさらにきびしい当局の追求を覚悟しなければならなかった。妻としての白蓮さんも同じである。〝あかがねごてん〟の主として、筑紫の女王として君臨していたならば、けっして受けることのない弾圧と迫害を、彼女は誇りをもって受けとめたのであった。

「人間なにがしあわせかといって、議論の余地のないことは、自由であり、心から愛するひとのために生きることです。お金も地位もあれば、ないよりもましです。でも、お金や地位だけあって、自由や愛がないのは死ぬほどつらいことです。たいていの人は、貧乏にも、地位が低いことにもがまんができます。それは、やがてがまんしないですむ日がくるという希望があるからです。しかし、愛情のない生活にはがまんができないのです。どんなに努力しても愛することのできない、希望の芽生えない生活は、崩してしまうより方法がないのです。

でもすばらしいじゃありませんか。つくり出すにしろ、崩すにしろ、人間が自分の意志でそれができるというのは。いまだって不自由なことがいっぱいあります。もっとながい時間をがまんして生きなければならないでしょう。たとえば平和ということです」

白蓮さんが「平和」を口にするとき、それがどんなにさり気なくても、私は鋭い痛みを感じる。家庭の平和、世界の平和ともに、白蓮さんも竜介氏もそこに生命を賭けて生きてきたのである。

戦争中、竜介氏は第一次近衛内閣時代に対南京和平工作に奔走し、中野正剛に加担して東条内閣の打倒に懸命の努力をした。

そして夫妻は、不本意な戦争によって最愛の長男香織を失った。しかも終戦の三日前に。夫妻にとって長男は、世紀の恋の最初の愛の結晶であり、真実の証であったのだ。

ただ一人ぬれそぼつらむ鹿児島の山のはざまの吾子のおくつき

日本の老いたる母の大方は涙もろくなりて年くれんとす

ふと見れば三日月のかげ子にあわぬ世にあえりけり老はせまるに

これらの歌には、かつて一世を湧かした恋の主役としての、あでやかな感じは少しもない。身分の貴賤を問わず、息子を戦場に失った日本のおふくろの悲しみがあふれている。もしも、白蓮さんの恋が浮わついたものであり、好奇心の対象になるものであったなら、けっして、この歌は生まれることがなかったであろう。かつての激しい恋は、社会運動家の妻としてみのり、母として充実し、いま、その悲しみにうちひしがれているのだ。

白蓮さんの和歌は、貴族社会の習慣として少女時代から手ほどきを受けたものであるが、前半生の人間的な苦しみは、単なる手すさびの歌を芸術にまで昇華させていった。

おのれの心のままに歌を詠む「おのがじしの歌」の精神は、師である佐佐木信綱が説いたところであるが、その作風を受けついで短歌雑誌「ことだま」を主宰、みずみずしい情感をうたいあげ、多くの門下生を指導してきた。歌集に「踏絵」「幻の華」、小説に「則天武后」などがある。

世界平和への願い

豊島区目白の宮崎家は五十年も前に、父の滔天氏が建てたもので震災にも空襲にもあわず、夫婦四十年の年輪を秘めて枯淡なたたずまいを見せていた。

その庭の一隅で、竜介氏は蜜蜂の飼育に余念がなかった。近ごろの蜂蜜ブームが起こるずっと以前から始められて、一年中のローヤル・ゼリーが確保できるというご自慢の道楽である。はげしい思想弾圧の嵐の中で筋金をとおして闘いぬいてきた人とは思えないほど、のんびりしたひとときであった。

その夫をみながら、白蓮さんは門下生の歌に朱をいれるのであった。

長男を戦争でなくした悲しみを、全世界の同じ母親と共にして、地球上から戦争をなくす悲願をたてて「国際悲母の会、悲しみの母の集まり」をつくったのは、終戦後まもなくのことであった。以来還暦をこえた老体をはげまして全国行脚を続けること数年、おおぜいの母親と手を握って、世界平和への強い働きかけを行ってきた。

また昭和三十一年には中国に招かれて夫妻同道、北京に赴き、翌三十二年には女性による日中貿易促進会の代表として再び中国に渡った。

悲しみ深い母親として逝った白蓮さんの姿が、いまも私の脳裡に焼きついている。夏の暑い日、白蓮さんは息子の位牌に果物を供え、合掌をした。そして、歌を詠んできかせてくれた。

英霊の生きて帰るがありという子の骨壺よ振れば音する
海見れば海の悲しさ山見れば山の寂しさ身のおきどなき

（昭和三十五年八月放送）

〈取材ノート〉

柳原白蓮を取材しながら、私は歴史の頁をたどることへの興奮を押さえきれなかった。彼女が「あかがねごてん」で有名になったのは私が生まれるずっと以前の大正十年である。教科書では知ることのできない波乱のドラマをどうテレビの画面に焼きつけるかがディレクターの勝負どころだった。

回想（山形定房）

七〜八歳のころ、家にあった「家庭画報」で若き日のお顔を見た記憶がある。年齢を重ねた白蓮女史にはその面影を重ねるべくもなかったが、風にも耐え得ぬような楚々とした姿には気品があった。彼女をいたわる宮崎竜介氏からは、まだ大正デモクラシー以来の行動派らしい若々しさが感じとれた。

大空で結ばれたふたり

江島三郎《パイロット》・熊代

えじま　さぶろう＝パイロット。四十年間飛んで滞空二万時間を超える天皇機の機長である。熊代夫人は昭和十二年、日本で初のスチュワーデス。当時はエアーガールとよばれた。大空で結ばれた夫婦である。

新婚旅行も飛行機で

こんにち航空界の発達ほどめざましいものはない。新幹線がデラックスにスピード化したことも驚異であるが、それ以上に、飛行機という乗りものが一般化し、どんな片田舎の百姓さんでも、あっという間に東京につき、さらに日本を飛びたって気軽に海外旅行を楽しむなど、戦前はもとより、戦後にも想像のできなかったことである。

アラスカのように広大な土地で、しかも不便な地理的条件のもとでは、船や汽車よりも、飛行機がタクシーなみの発達を早くから遂げたが、北海道から九州まで、それほど困難な地形でもない日本で、こんにちほど航空界が隆盛をみるとは、誰も予想できなかったにちがいない。一生に一度でいいから飛行機に乗ってみたい、というのが日本人の夢であり憧れでもあった。それほど飛行機は一般大衆の手のとどかないもので、ごく一部の高位高官か富豪の乗りものであったのだ。

新婚旅行は飛行機でというプランを、簡単にたてる近ごろの若い人たちには、そんな時代が不思議に思えるにちがいない。このように誰でもが日常的に飛行機旅行を楽しめるようになった陰には、たくさんの先駆者の苦闘が秘められている。

戦争中に、私たちの頭上をＢ29が飛んで以来、戦後にかけての長いあいだ、日本の空が日本人のものでない侘《わび》しい時代が続いた。いまでこそ、民間航空は完全に日本人の手に戻って、日本の空と世界中の空とを結んでいるが、それまでの十年間はまったく苦しい空白と潜伏の時代であった。

その苦難を超えて、こんにち、このように民間航空の発展をもたらしたもの――それはもとより政治、経済、科学技術などあらゆる力の結集によるものであるが、とりわけ、その最前線にあったパイロットの力を見逃すことはできない。

そのひとり、日本航空の江島三郎さんは大空馳けて四十年、滞空二万時間を突破するベテランパイロット。民間パイロットの第一線にたつ江島さんの半生は、そのまま日本民間航空発展の歴史につながるものといえよう。日本が誇るパイロットの至宝である。

大空に咲いた花

江島さんが、はじめて大空に飛び立ったのは昭和六年のことである。少年時代から、いつも大空を仰ぎ、縦横無尽に空を馳ける夢をはぐくんできた江島さんの、その夢が実現した記念すべき初飛行は水上機であった。中学卒業後、逓信省航空局の委託学生として、霞ヶ浦海軍航空隊に入隊したのである。

「その頃の飛行機は、いまほど整備されていなかったわけですが、とにかく飛ぶのが楽しくって夢中でした。一度、離陸するたびに新しい飛行技術のマスターに挑戦するわけですから真剣でもありましたし、苦労もありましたけど、大空を飛ぶ魅力は何ともいえません」と言う。江島さんの飛行は豪快であると同時に、安全的確がモットーであった。

昭和十年には「大日本航空」に入り、民間航空の若手機長として活躍、東京、福岡、朝鮮、台湾などの定期航路についた。

そのころ、日本で飛行機の発着がいちばん多かったのは羽田でも伊丹空港でもなく、国際線の飛行機が離発着できた福岡の雁ノ巣飛行場であった。ここに昭和十二年、日本ではじめてのスチュワーデスが誕生した。当時は、スチュワーデスというハイカラな呼び名はなく、エアー・ガールと呼ばれていたが、文字どおり時代の尖端をゆく空の乙女たちである。

美しく、さっそうとしたエアー・ガールたちは、若いパイロットにかぎらず、いっせいに社会的な注目をあびた。なにしろ、男でも空を飛ぶには決心がいる時代に、女の身で高度千メートルからの空を日常の職場にするのであるから、むくつけき男たちから尊敬と賛嘆の視線を浴びたのは当然である。


昭和十四年十月十日、各新聞の夕刊はトップ見出しで、日本ではじめてのパイロットとエアー・ガールの結婚を、はなばなしく報じ祝福したのである。

花婿はロックヒード操縦四人男の一人、技量甲の折紙をつけられた青年パイロット江島三郎操縦士、花嫁はエアー・ガール岡部熊代嬢、つまり若き日の江島夫人であった。

爽快な大空に咲いた花である。ドラマチックなロマンスである。

江島さんはしきりにテレて、

「もうずいぶん昔のことですからね、たいてい忘れてしまいましたよ」

と言いながら、

「まァ、皆さんが想像なさるよりはドラマチックでもロマンチックでもなかった、と言っておきましょう。二人とも空を飛ぶのが職業でしたから――。でも、この結婚は成功だと思っています」

そっけないが、断定的な言葉のひびきには空の男の力強さが溢れていた。

奥さんも、たいへん印象的なエピソードを聞かせてくれた。

「そのころの飛行機は、いまより揺れも激しく、危険も多かったはずですが、主人が操縦している飛行機ですと、なぜか安心していたのを覚えています。ほかの人が機長のとき、とくに心配だったり、不安だったというわけでもありませんけど——。あるとき、たしか夜間飛行だったと思いますけど、ひどく気象条件の悪い中を飛んだことがあります。エアー・ポケットに入ってしまって、飛行機は木の葉のように大揺れに揺れ、いまにも墜落かという感じなんです。私も、ちょっと不安になって操縦席へ行ったんですが、江島は平気な顔で、何も言ってくれません。それで、かえって安心して、この人が操縦している限り絶対安全なんだわ、と信じていましたの」

出撃したいのは私だ

江島さん夫妻は福岡市郊外の筥崎宮で、祝福の花束に埋もれながら結婚式をあげた。新婚旅行は当然、愛機を馳って大空へ、という同僚たちの期待をすっぽかして、のんびり鈍行列車で郷里へ旅立った。

新婚後まもなく、江島さんは中華航空に転任、上海に新所帯をもって、ここで長男が誕生、その三年後に長女が誕生した。結婚そして出産。女性としてはじめて経験する不安にも地上勤務の夫なら、励ましの言葉を贈ってくれるだろうが、パイロットの妻は、ひとりで大空の夫に呼びかけながら子供を産んだ。しかし、それは大空を知っている妻には誇りでもあった。

そのころの日本は、すでに激しい戦争のさなかにあり、江島さんもついに海軍に召集され、ソロモン群島の夜間偵察隊に配属された。

以来三年あまり、各地を転戦。いくたびかの死線を超えて内地に転勤。戦争末期には少年航空隊の飛行教官を命ぜられ、教え子たちの特攻機をつぎつぎに見送らねばならぬ立場におかれた。

「空を飛ぶ人間として、このときほど辛くせつない時代はなかった。

死地におもむく少年航空兵たちは、ちょうど、私がはじめて飛行機に乗り、大空を飛ぶ爽快さを覚えたころと同じ年齢なのです。ひとたび飛び立ったら、待っているのは特攻戦死しかない。私が彼らに教えているのは空を飛ぶことの魅力でも喜びでもない。死ぬための技術だけなのです。できることなら、飛行技術に一日の長がある私が、彼らにかわって出撃したかった。しかし、飛行教官にはそれも許されなかったのです。

現在でも飛行機は戦争の重要な武器になっていますが、私は、飛行機という文明の所産は、人類の幸福のためにこそ使われるべきだと思っています」

　このように民間航空ひとすじに飛んできた江島さんにとって、終戦と同時にいっさいの航空活動が禁止されたことは衝撃であった。

　長い空白を経て、ようやく日本の空が日本人の手に戻ってきたとき、江島さんはさっそく日本航空に入った。飛びたくても飛べないことほど、パイロットにとって口惜しいことはない。江島さんは新しい航空技術をマスターするために、アメリカのオークランド飛行場で四カ月の訓練を受け、昭和二十九年十一月には、いよいよ日本人初の機長として国内線に搭乗。翌年には国際線の機長となり、天皇の九州巡航に際しては、その機長にえらばれた。新聞は「天皇の機長、江島操縦士の栄光」を大きく報じた。

　そして昭和三十四年六月には、滞空一万五千時間の日本最高記録を樹立した。

　同じ年の二月には、日本航空、中央運航所長に就任、さらに大きな仕事に取り組むことになった。運航所の主な仕事は、空港における一切の現場管理である。六百人の現場要員を預かって、スムースな運航と安全を確保する所長の仕事は、長距離飛行よりもはるかに骨が折れるという。

　所長になってデスクに座っても、空に生きる男が屋根の下にばかりもぐりこんでいることはできない。事情が許すかぎり、江島さんは愛機を馳って大空を飛び廻っている。

そんなとき、江島さんは喜びとともにせつなかった時代の苦しみを思い出す。

日本の空は日本人の手で

戦後六年の空白時代のあと、日航へ入ってからも、最初の三年間は、日本人には操縦が許されない時代が続いた。

操縦室に入ることはオフリミットで、近づくことも禁じられていた。なにかの機会に覗き見た操縦室には、これまで見たこともない、たくさんの新しい計器類がひしめいているのだった。

一日も早く、自分の手で大空を飛びたいと思っている江島さんたち日本人パイロットは、事務長という名義で飛行機に乗りこみ、ひそかに研究と盗み修業をはじめたのである。

事務長というと聞こえはいいが、実際はスチュワーデスと同じ乗客のサービス係。ベテランパイロットの江島さんにとって、それはどんなにもどかしい毎日であったことか！　あるときは新型機の構造を知るために、雑役夫に化けたこともあった。

そうした努力があったからこそ、オフリミットが解けるやいなや、驚異的な早さで日本人初の機長の座を獲得できたのだともいえよう。

強い理解に支えられて

東京大田区馬込にある江島さんの家は、いつも明るいムードに溢れている。休みの日の江島さんの日課は、もっぱら日曜大工である。操縦桿を金槌に持ちかえ、あちこちと改造しては奥さんにサービスしている。もっとも、これは奥さんにサービスするためにやっているのではなく、楽しい趣味としてやっているだけだ、と本人は弁解しているのだが――。江島さんの趣味はこのほかに釣と酒がある。「暖かい日ざしの下で、のんびりと釣糸を垂れているのはいい気分だ」というのは、飛ぶために集中する神経を全部、解放できるからかもしれない。

酒に強い。しかし、飛行トレーニングの二十時間前にはピタリと酒を止めるという。空に生きる男にとっては、飛ぶことが生甲斐であり、そのためには日常の節制を怠ることは許されない。ましてや、たくさんの乗客の生命をあずかるパイロットとしては、身体のコンディションを最高に維持するのが当然の義務であろう。休息と栄養、頑健な体力と精神の安定――そこにはまた、奥さんのいい知れぬ苦労と気づかいが伴っていよう。

江島さんはまえに「この結婚は成功だ」と言ったが、それは奥さんが空を知っていることにすべてが起因している。たとえば、夫が荒れ模様の空を飛ぶときでも、夫の技術を信じ、空の条件を知っている奥さんは、ことさらに「大丈夫ですか？」とも「気をつけて下さい」とも言わずに、夫を見送るのである。これほど強い理解と信頼に支えられた結婚生活もたくさんはないだろう。

航空生活四十年、滞空日本新記録。

つねに民間航空発展の魁《さきがけ》となって、苦難の路をきりひらいてきた江島さんは、五十歳を超えたこんにちなお、愛機を馳って最前線を飛び続けている。

絶対安全をモットーに、大空への限りない愛着と責任をかけて、前進するその翼は、日本の民間航空に、より一層の発展をもたらしてゆくことであろう。

（昭和三十四年九月放送）

回想（山形定房）

戦後初の民間航空会社として日本航空が生まれたのが昭和二十六年。今から思えば嘘のような話だが、当時は離着陸のつど、乗客が拍手をしたという時代である。江島さんは軍隊時代からのパイロットだから礼儀正しく几帳面だった。

夫人はなぜこんな名を付けられたのか不思議な気がするお名前であるが、才色兼備、明るいお人柄で、選びぬかれたスチュワーデスの第一期というのもうなずける。

情熱と愛のタブロー

画家
林　武・幹子

はやし　たけし＝画家。父は漢学者で山県有朋や後藤新平と親交があった。幹子夫人は幕末の剣豪、千葉周作の末裔。夫婦はながい苦難の道を歩むが、昭和二十四年「梳る女」が第一回毎日美術賞そして三十四年に芸術院賞を受賞。

貧乏画家と少女の恋

埃っぽい郊外の一本道を絵具箱をかついだ青年が何かにつかれたように歩いていた。蒼白い顔のなかで小さな目だけがキラキラ光っている。

青年は突然立ち止まると空を仰いでどなった。

——太陽が六ツある！

もし、誰かが「なぜだ？」と聞こうものなら、青年は少しのためらいもなく答えただろう。

——太陽は六ツあるんだ。これはいま僕が発見したばかりなんだ——と。

その夜、青年は新しい発見に興奮して一睡もしなかった。

——世の中のいっさいは相対的なものなのだ。その相対が現在生きている僕には絶対なんだ。太陽が六つあることの証明。

相対が絶対であることの理論の展開などは青年にとって、これほど無意味なものはなかった。青年は考えてたどりついたのではなく、信じたのである。それはたぶん、悟りとか、ひらめきという表現の似つかわしい精神状態ともいえた。ある人々はそれを「狂気」とよぶかもしれない。たしかに青年は思いつめたら、徹底的にやりとげねばすまない気性の激しさを持っていた。

そのころ、やはり道を歩いているとき、青年は突然、恋をした。当時、青年を苦しめていたものは貧乏と、絵の勉強をするうえで自信が持てないこと、の二つだった。早稲田にある日本最初の私立の美術学校に通いながら、朝早くから遅くまで石膏と取り組み、はたがあきれるくらい猛烈な勉強ぶりでがむしゃらにカンヴァスに向かったが満足できる絵は描けなかった。そんなことから、青年の頭はいつも熱っぽい芸術論に支配されていて、ほかのことを考える余裕などなかった。

ところがある日、相変わらず古びた和服を着流し、絵具箱をかつぎ、ゲタを鳴らして歩いていると、青年の視線のなかに白いショールがとびこんできた。純白のショールがまばゆいばかりに清潔だった。そのショールのなかにある白い少女の顔を見たとき、青年の心は感動にうちのめされた。

——これだ！

なにが「これ」なのか、自分でもわからないつぶやきが青年の口からもれた。言葉をかけて、ひと言でもいい、何か話をしてみたい！「こんにちわ」といえば挨拶ぐらい返してくれるだろう。そしたら声が聞ける。

しかし、かァッとのぼせてしまっている青年が「こんにちわ」という暇もなく、和服の少女は伏し目勝ちに通りすぎてしまった。

勇気を奮い起こして、青年が振り返ってみたとき、少女の姿はどこにもなかった。畠の向こうに垣根が続き、屋並みは遠かった。つまり、青年は背後の少女を

林武・幹子夫妻

意識するあまり、心とは反対にやたらに足早やに歩いてしまったらしい。

青年の苦しみがもうひとつ増えることになったのは「白いショールの少女」に会ったときからはじまった。貧乏と絵と恋。

翌日から、青年はひとつの計画をたてた。もういっぺん少女に会うために、同じ時間に同じ道を歩いてみようということだった。この方法はうまくいかなかった。忍耐強く道端に立って待ってみたが少女は現われなかった。それでも青年はあきらめなかった。むしろ日ごとに心の中では少女の清純な姿がふくれていった。そしてついに少女と邂逅《かいこう》する機会がやってきた。

街で買物をした帰りらしい少女を発見した青年は、無意識のうちに少女の後をつけて、家と名前をつきとめようと決めていた。それはまるで不良少年の遊びに誤解されることだったが、青年は尾行して、苦心の末、目的を達した。少女は十八歳、幕末の剣豪、千葉周作の後裔にあたることまで調べあげた。

さて、どうしようという段になると、よい思案も浮かばず困ったが、女のことなら女の方がよくわかるだろうと姉に相談してみた。

——ほんとうに愛しているの？　それだったら真剣に考えてあげてもいいけど……。

——ほんとうだ！　とにかくあの白いショールはきれいだ。目がチカチカするくらいだ。

——白いショール？　なんのこと、それ？

――いや、愛してるんだ。本気だよ。

姉は仲介を引き受けて、ひそかに少女と逢う機会をつくってくれた。

汗を流しながら雄弁に絵のことだけをしゃべり続ける青年を前にして、少女はいつも熱心に耳を傾けた。青年の情熱とひたむきさが少女の心をとらえた。二人は自然に恋を語るようになっていった。

青年の父は漢学者で明治の元老、山県有朋、後藤新平と親交のある人だったが、二人の仲を快く承知し、「若い時分に千葉道場に通ったことがあるよ」と昔話までしてくれた。青年の母も明朗ななかにも可憐さを秘めた少女に好感をもった。

しかし、少女の父だけは反対だった。理由は一介の画学生である不良じみた青年の将来を危ぶんだためである。相当の資産家から礼をつくしての縁談が少女の身辺にいくつかあったせいもある。

若い二人はそんな思惑にわずらわされることもなく青春の喜びを満喫し、深く結ばれていった。激しい恋のなかにあって、青年は以前にも増して絵の勉強にうちこんだ。二人の会話は絵に対する夢と悩み、そして愛の言葉だけという日常が続き、ついに青年は生涯を画家として生きるために、学校をやめ、松沢村に一軒の掘立小屋を建てて住んだ。

掘立小屋での新婚生活

花畠のなかの掘立小屋で、青年はエネルギッシュに筆をふるい、少女は菓子や季節の果物を持って毎日のように青年を訪れた。

青年が思索をしているとき、少女はそのつぶらな瞳を凝らしていつまでも傍らにすわっていた。

（父が反対しても、あたしはこの人と一緒に生きよう。苦労するかもしれないけれど、この人はきっと何かをなしとげる人よ……）

青年の苦悩する横顔は、少女に美しくも貴いものにみえた。

やがて、少女の両親も二人の熱意にほだされ、少女は青年とともに松沢村の掘立小屋でままごとのような新婚生活をはじめた。このとき青年は二十四歳、少女は十九歳。

若き日の林武画伯と幹子夫人の恋である。

「女神」とまで憧れた若く美しい妻を得て、意欲的に制作に没頭できた林画伯の青春時代は幸福そのものであった。

が、一面には生活苦と制作上の壁にぶつかった苦しみとで、新婚の甘い夢に浸っていることを許さない厳しい現実が二人の足元に迫っていた。

額に八の字を刻み、腕組みをしたままカンヴァスをにらんでいる日が続いた。米びつは空になっているときの方が多くなった。

勝気な幹子夫人は空の米びつを抱えていてもけっしてしょげた表情を夫の前ではしなかった。なんとか食物を工面しては楽天的な明るい笑顔を絶やさなかった。

(いまここで、私が音をあげてしまったら、夫の絵がダメになる。夫に快心の絵を描いてもらうためにはどんなつらいことでもしよう。食べるものがないくらいでまいってしまっては恥ずかしい)

すべてが深い眠りに落ちて不気味な静けさの満ちた松沢村の掘立小屋の中で、椅子に腰かけた妻の白く輝く裸身をまばたきもせず凝視していた夫は、突然立ち上がって、持っていたパレットと絵筆を床に叩きつけた。その凄まじい音は無名の貧しさに追われた画家のいらだたしさを嘲笑っているようだった。

「どうなさったの?」とも、「疲れたんでしょう」とも言わず、幹子夫人は明るいいたずらっ子じみた笑いを浮かべながら台所に消えた。

(画家は、自分を画家だと思っている。医者は医者、政治家は政治家と人はそれぞれ自分に貼られたレッテルを信用している。これに間違いはないだろうか。あたりまえのように思えてどこかに欺瞞があるような気がする。画家になるために絶対的な努力をしている自分、いい絵描きになってもらいたいと念願している妻、この僕らの希望がかなえられて画家になったとき、はたして僕は画家とよばれるだけで自分の人生に満足し納得できるだろうか）

「冷えているのよ。召しあがって……」

妻はビールの栓を抜いて勢いよくコップにあける。赤くうれたトマトとハムが皿に盛られている。なんにもないはずだった。彼はがく然として妻を見た。

「ぐっとひと息にあけてよ。気分がすーっとするわ」

あどけなさの残っている妻の顔にはくったくのない微笑が浮かんで、苦労の影は見えない。それだけに不憫《ふびん》さがこみあげてくる。金はとうに無くなっているはずだし、勝気な気性だけに他人に頭をさげて借金もできない妻が、どうしてビールを買う金を工面したのだろう。訊ねてみても「心配しなくてもいいの、それよりお仕事の方しっかりね」というにきまっている。もし資産家のところに嫁に行ってたら、こんな苦労もしなくてすんだことだろうに……。

ノドにしみる心地よいビールの味にはあまりにも美しい妻の好意がこめられていた。彼は襟をただす想いで深い思案に落ちていった。

（僕の第一の間違いは画家になろうとすることである。画家になろうと執着しているかぎり仕事は堂々めぐりばかり続けるだろう。いま、僕が執着しなければならないのは、人間でありたい、人間らしい仕事と生活を持ちたい、ということだけなんだ）

この一日を愛する妻を養うためだったら、松沢村の役場の書記になってもいいではないか。

「幹子、僕は絵をやめるよ。明日から何か仕事を探そう」

「いけないわ、そんな乱暴なこと……生活が苦しいくらい、生活が苦しいくらい平気よ」

「生活のためばかりじゃない」

「才能がないとおっしゃるの」

「そればかりでもない」

「じゃ、どうしてなの。意気地なしみたいよ」

「生涯、二度と再び絵筆は持たない、なんていうような大げさなことじゃないんだ。いつまた絵を始めてもいいんだ。きっと、すぐに描きたくなるだろう。非常にまじめな意味で絵はどうでもいい、という心境。説明しにくいが、それに近い気持ちだ」

「なんだか、よくわかりませんわ。でも、あなたが今みたいに自信にあふれたお顔をなさっているの最近なかったことよ。そんなあなたが絵をやめるっておかしいわ」

「そうかもしれない。しかし、いま、僕にはわかりかけているんだ。人間の生き方というもの、その中の夫婦という関係、そして芸術というものの重大さが……」

夫のキラキラ光る瞳の奥にあるものをすっかり理解できなくても、夫への愛情と信頼は、彼女にいろいろなものを納得させるのだった。

――たとえ、この人が絵をやめるにしても私は同じ道を歩いていこう。私のささやかな未来と持っている情熱のすべてが、この人と歩くひとすじの道に賭けられているんだから……。

妻への愛情と貧乏と芸術上の悩みに追いまくられて到達した清明な境地は、無名の画家、林青年に一大転機を与えた。

まもなく、彼は今までと違った観点から人間と自然に対するようになった。夏の終りころには以前にも増して情熱的にカンヴァスに向かった。

秋がきて、上野の森は次々に開かれる展覧会で賑わった。少し前には焦りに似た気持ちで過ごしたこの時期も、すでに精神的に動揺することはなかった。

『婦人像』が「樗牛賞」に入選

ある日、安定した気持ちで制作を続けていた林さんを仰天させる一通の手紙が、松沢村のアトリエに配達された。

「おーい。これどうしたわけだ。配達を間違えたにしては、住所も名前も同じだ。こんな畠の真ん中に『林武』が二人住んでいるわけでもあるまいに……」

「どこからなの……そしてなんて書いてあるの」

「出品もしない僕の作品が、「樗牛賞」に入選してるんだな……冗談にしては罪の重いいたずらだよ」

腹をたて、しきりに不審がっている林さんの前で、幹子さんはじっと夫の顔をみつめ、静かな泣き笑いのような微笑を浮かべた。

涙のにじんだ妻の瞳にぶつかって、林さんは真剣な表情にかえった。

「きみは……まさか……」

「ごめんない。実は……」

幹子さんは頬っぺたの途中にたまっている涙の粒を払い落しながら、事情を話しはじめた。話している間じゅう、笑顔とは関係なく涙は白く光ってとめどがなかった。

「そうだったのか！　それほどまでに、きみは僕に期待をかけていたのか」

幹子さんは夫に内緒で、幾度か徹夜を続けて仕上げた作品に「婦人像」と題をつけ、自ら上野に運んだのであった。林さんが画家として認められた最初の作品である。「婦人像」は、文字どおり夫婦の共同制作がかちえた記念碑といえよう。それはモデルになり、展覧会に出品したということだけでなく、夫の激しい精神の闘いに参加した妻の栄光という意味においてである。

「樗牛賞」を得た林さんの仕事は画壇の注目を浴び、翌年は『本を持てる婦人像』で「二科賞」に入選、平和博覧会で褒状を受けた。

こうして、一躍、新進画家として陽の当たる場所に登場した林さんの画業は好評をもって迎えられはしたが、それでも絵を描くことで食べていかれる状態ではなかった。むしろ「婦人像」は夫婦にとって、記念すべき栄光のしるしであると同時に、その後に続くどん底生活のはじまりでもあった。

大正十年ころが日本のよき時代であったとしても、また当時、文展から分離して気鋭な新人たちの登竜門として絵画の新しい指導的中心勢力であった「二科」に入選しても、やはり一介の貧しい画家の生活が、絵を売ることで支えられるような現実ではなかった。日常の糧はもちろんのこと、絵具やタブローを買う金にも困る始末だった。水だけ飲んでいても一週間はもつ……でも絵具はなんとか手に入れなければいけない……というような会話が夫婦の間でかわされた。

林さんは、せめて絵具だけでもと考えた。

幹子さんは、絵具とパンと肉を、と考えた。壮烈な夫婦の闘いは、冬から春へ、炎天の夏から秋へ、再び冬へと続けられていった。

絵を売って絵具を買う幹子夫人

「この顔のゆがんだのは女か男か。なんだって、こんなへんてこな絵を描くのかね」

「絵なんて代物じゃないやね」

「もっときれいな色がでないのかァ。泥くさい感じだ」

丸の内のビルの廊下に無造作に立てかけられた数点の作品の前で、若いサラリーマンが無責任な批評と悪態をついている。

窓側に、彼らに背を向けて立っている和服の女性の口元が緊張にけいれんする。

ひとしきり勝手なことをしゃべりちらかした野次馬が去ってしまうと、別の一団が現われる。並べられた絵に一瞥《いちべつ》もくれないで行き過ぎる者、足をとめて熱心に観てくれる者、さまざまな人たちのあわただしい視線にさらされて、和服の女性――幹子さんは歯をくいしばってながい忍従の時間に耐えた。

「いい絵ですね。しっかり頑張ってください」と声をかけてくれる若者に出会うと、不覚にも落涙しそうになるのだった。

(白粉っ気のない、季節はずれの着物を着ている私が嘲笑されるぶんにはくやしくもなければ、腹も立たない。絵を売らなければ生活できない貧乏画家の妻であることも恥ずかしくはない。しかし、夫が精根を傾けて描いた絵が私の目の前で罵倒されるのはがまんができない。どんな権利があって夫の絵の悪口をいうのか! 徹底的に問いただし抗議してやりたい!)

そうすることは耐えるよりも容易なことだった。勝気ではあっても人一倍鋭い感受性の持ち主である幹子さんにとって、絵に投げつけられる心なき人々の雑言は、夫と自分をこの地上から否定するに等しいことであった。爆発しそうになる怒りを押さえられたのは、「この絵を売らないかぎり夫は仕事を続けられないのだ」という理性の声に必死にすがりついていたからだった。

幹子さんは知人の紹介や伝手《つて》を求めては、官庁街や邸宅に絵を売りに出かけた。林さんの絵を理解し声援してくれる人のところでは気持ちの負担は軽く、救われる想いもした。特に国際観光会館の平山さんの協力は夫妻を感激させた。相場より高額で買ってくれたり、「他人に頼まれたから」という名目にして買い取るなど、夫妻に恩がましく感じさせない配慮は誰にでもできる友情とはいいきれない。海のものとも山のものともつかない絵に対して投資した金は、たぶんに無償に近いものであっただろう。

平山さんのような協力者がたくさんいたら、夫妻の無名時代はもう少し明るいものになっただろうが、なかなかそうはいかなかった。絵を売る仕事はまったくつらい厭わしいもので、社長室の豪華なテーブルをはさんで折衝をするとき、幹子さんの脇の下からは冬でも冷汗が流れた。身体中にべっとり、まとわりつき、次々に流れ落ちる汗は血の一滴一滴が流れているみたいだった。

そんな苦労をしながらも、幹子さんはついに一枚も売らないで帰ったことはなかった。黄昏の武蔵野を足早に家路に急ぐ幹子さんの心は明るかった。血のにじむ思いで得た金は夫が心から待っている絵具に変わり、そして夫のために求めた牛肉や果物の代金を差し引くと、ほんのわずかしか手元に残らなかったが、それでも数日は過ごすことができた。

林さんも畠の中を帰ってくる幹子さんを待っていた。額に入れた絵を風呂敷に包んで背中に負ったり、手にさげたりして出かけるとき、幹子さんの顔には苦痛の影は露ほどもなかった。しかし、遠くから手をあげて帰ってくる妻の小さな姿をみとめたときの感動にも似た喜びは、出かけるときの後姿に漂う孤独な悲しみと重なり合って、林さんをいっそう奮起させた。自分でも絵を売りに歩いている林さんは、妻の苦しみがよくわかっていたので、他の仕事を探したらどうだろうと相談したこともあった。幹子さんもデパートの店員の方が定収入があるし精神的な苦労も少ないからと賛成したが、これは実現しなかった。林さんの母が反対したからである。結果からいってデパートの店員にならなかったことは幸いだった。どんなにつらくても夫妻が同じ道を苦楽を共にして歩くことの方が愛情の年輪は深く刻みこまれる。学者の妻として自分の一生を回顧した母の「妻が夫の家業を分離して生きてはいけない」という言葉をまもったことが、林さん夫妻の今日に大きな影響を与えていることは事実である。

夫妻でひとつの仕事を完成

武蔵野の空が明るくなりはじめても、掘立小屋の窓から電灯は消えなかった。

モデルの幹子さんとカンヴァスの間を鋭い視線が電気のようにチカチカと激しく往復する。絵筆を握る林さんとソファにポーズをとる幹子さんの関係は夫婦ではなく完全に画家とモデルの厳しい関係におかれる。

制作に夢中になると、何時間でも筆をおかない林さんはいいとしても、その間、ポーズを崩すことのできない幹子さんの疲労は並大抵のものではなかった。

「うう……」

動物的なわけのわからない唸り声を発して林さんはソファに横たわっている全裸の妻を睨みつける。仕事が順調に進まないときの癖である。筆を床に叩きつけて考えこんでしまうか、やたらに煙草に火をつけるか、そんなことを考えている幹子さんの頭上に雷のような声が落ちてきた。

「空気を入れろ！」

「窓を開けます?」

「その空気じゃない。お腹がへこんでちゃ絵にならない。お腹に空気を入れるんだ」

なにも入っていない空っぽのお腹に力を入れて、懸命にふくらまそうとするけれども、しばらくするとまたぺちゃんこになってしまう。気が遠くなるようなころ、この絵が完成した。傍目にはユーモラスに見えるこんな風景も二人にとっては笑い事でない真剣な闘いであった。その後、都心に引越した夫妻は震災にあい近所の画家たちと防臭剤を売って急場をしのいだり、大阪に出て絵を売ったりしながら制作を続けた。

このころ、林さんは強度の神経衰弱に陥り、またむりな生活がたたって胃潰瘍に倒れた。しばしば胃から出血し貧血症におそわれた。極度の不安と恐怖の発作に苦しめられながら執拗に念頭を去らなかったのは、画業半ばでは死ねない、未来に賭けた妻のこれまでの努力をむだにしたくない、という切実な叫びだった。

慶応、東大、杏雲堂病院など有名な医者に診てもらい、一方、禅を現代化した岡田式静座法を試み治療につとめたが、ある日、杏雲堂病院の医者は、「いますぐ入院しないと手遅れになる。帰宅するまでどうなるか責任はもてない」と診断、即時入院をすすめた。

入院費を払う自信のない林さんは自宅に帰るほか方法がなかった。幹子さんは療養費を捻出するために絵を売りに街に出、帰宅すると看病に献身、小さな身体を休みなく動かして立ち働いた。

夫妻の苦境を知った二科の会員や画家仲間たちは、それぞれ小品を持ち寄って新宿の紀伊国屋書店で展覧会を開き、その売上金全部を療養費として病床に届けてきた。夫妻の感謝は言葉もないくらいであった。この厚い友情で林さんは病魔を克服し、三、四カ月後には快癒するという驚くべき結果をもたらした。

恢復のあと、報恩の意味をこめて、心身を徹して描いた「婦人像」は、セザンヌからマチスを経て、また林さんが、新しい傾向として追求してきた「光の現象的な二つの明暗を越えてまったく平面化された」フォーヴィックな仕事の最初の成功であった。

昭和五年に二科を脱退した林さんは、前田寛治、里見勝蔵ら新進気鋭の仲間と「独立美術協会」を結成、四年目には夫妻で二百枚の絵を売ってコツコツと積み立てた資金によりヨーロッパに留学、三年の間、パリを中心にベルギー、オランダ、ドイツ、イタリア、スペインと各地の古美術を遍歴してまわった。

外遊後の発展を示す傑作「室戸岬」は帰国してまもなく高知に一カ月の旅をしたときの作品。夫の写生旅行には必ず同伴してカンヴァスをかついだり、飲み物や身の周りの世話をする幹子さんが、夫とともに海の見える温泉宿に過ごしたこの旅行は、作品の成功のほかに、もうひとつ夫妻に奇跡的な喜びを与えた。幹子さんは結婚以来、二十一年目に妊娠し男児を産んだのである。

太平洋戦争の始まった昭和十六年前後、乳児をかかえた林さん一家の生活はいぜんとして貧しく息をつく暇もなかった。

やがて、戦争が終わり、昭和二十四年に「梳る女」が毎日美術賞を獲得した。この作品は夫妻の長い間の苦しみと努力の上に築かれた一つの金字塔であり、戦後日本の代表的な傑作であった。これをキッカケに夫妻は経済的な苦労から解放されていった。昭和二十七年には梅原龍三郎画伯の後をついで東京芸術大学教授となり、三十四年には芸術院賞を受け、今年（昭和三十五年六月）は二度目の渡仏をし、幹子さんと長男滋君は少し遅れて夫の待つ芸術の都パリに旅立っていった。

四十年近い結婚生活のすべてを夫の仕事に一辺倒、いい絵が生まれるのを唯一の楽しみにして、貧乏と闘い、ときには死と向き合って生きてきた幹子さんの風雪の半生はみごとに報いられた。

林さんの初期の傑作のほとんどが「婦人像」であることは、夫妻の輝かしい青春を不朽のものとし、純愛の記録はタブローのなかで永遠の生命を生き続けている。

（昭和三十四年七月放送）

放送後　無類のテレ屋さんだった。そのぶん幹子夫人が積極的だった。放送の翌日、独立美術の水島清さんが局にみえて、「林先生があなたのために描かれた絵です」と持ってこられたのはご夫婦のどちらの発案だったのか。「番組が非常によく出来ていて感激されたから」

そうだったのでしょう。ずっとあとに文化勲章受賞記念の赤富士を描いたチリメンの風呂敷がとどいた。これができるのは幹子夫人しかいない。

回想（山形定房）

林画伯のキャンバスに向かっている時の眼光の鋭さ、一旦そこから離れた時の好々爺ぶりが実に対照的で印象に残っている。画業専一で世事にも疎い夫を見守る夫人の抱擁力と人をそらさぬ魅力にうたれた。

僻地にかざす教育の灯

教育者
保坂安太郎・八重子

ほさか　やすたろう＝教育者。越後のチベットとよばれる雪深い新潟の定時制高校に夫婦で赴任した。分校の存続は志望者二十名で決まる。教育の灯を消さないために夫婦は手分けして雪の村に。まだ十二名……。

山村の定時制高校（分校）に賭ける

吹雪はやんでいたが、冷たい風が嶺から垂直に吹きおろし、細い雪道は足をとられがちだった。手袋をはめても指先の感覚はなかった。よろけそうになって立ち木につかまると掌や指先を鈍い痛みが襲った。

「定時制なんかを、誰も高等学校とは思っていやしないよ……どうにもならないような屑のあつまりだからね」

「なにッ、屑！　人の子を屑とは何ごとです！　取り消していただきましょう」

「屑が悪かったら有象無象と訂正してもいい。だいいち、頭の悪い連中をいくら教育したって何になる……経費の浪費とむだな骨折り以外なにものでもないよ！」

「学科の点数が、人間にとってどれほどの価値があるというんです。たとえ点数が悪くても、どこか見どころのある子どもこそ、社会を背負って立っているのが現実じゃありませんか。どんな子どもだろうと、向上心があるかぎりそれを伸ばしてやるのが、私たち教育者の仕事だと思いますよ」

「機会均等、個性の伸張……なかなか上品な話でけっこうですな。しかし、理論はどこまでも理論、この村の現実は動かん。君もそんな夢みたいな空想を描いているより、どうしたら早く、この山の中から逃げだせるか、それを考えることだね。三年もいたら村の百姓同様に、君も山猿になってしまうぞ……」

「山猿！」

胸くその悪い会話だった。言葉のひとつひとつが吐き気を感じさせた。

「畜生ッ！」

保坂先生は拳をにぎりしめ、無意識に叫んでいた。誰もいない雪明かりの道をおぼつかない足取りで踏みしめながら、赴任以来の数日間を思い出すと口惜しさがこみあげてくるのだった。

そして、農業倉庫を改造した、まるで化物屋敷みたいな炭火もない六畳一間で、寒さにふるえている妻と子どものことを考えると、いいようのないみじめさにうちひしがれるのだった。

なにもかもが、約束と違っていた。

保坂先生は、僻地の困難な条件を予想もせずに赴任を決心したのではなかった。「越後のチベット」とよばれ、四方を山で囲まれ、冬の五カ月間は深い雪に埋もれてバスさえも通らなくなり、村民でさえも吹雪のために年に一人か二人が崖から落ちて死ぬという険しい地形も脅威であったし、米どころ新潟県でありながら耕地面積の狭さが原因して、一反以下の零細農民がほとんどで、農家の大多数はタタミもなくムシロ敷きの板の間に牛と同居しているありさまである。

この貧しさから生まれる封建的な殻に閉じこもった村民の心は、一人の老教育者がどんなに情熱を燃やしても、打ち破れそうになかった。

もっとひどく保坂先生を絶望させたのは、この村の教育者たちのあまりに投げやりな態度だった。もちろん、全部がそうだとはいえないにしても、定時制分校として教室を借りている中学校の校長は、生徒たちを「人間の屑」とよび、村民を「山猿」扱いして、それを当然と思っている。

「……これじゃ子どもたちがあまりにみじめじゃないか！」

激しい怒りが心の奥で燃えていた。

暖房のない冬の生活

赴任しさえすれば立派な住宅が待っている、という約束も嘘だった。いや、実際には決まっていたらしいのだが、県立の、しかも必要もない学校の先生に使わせるわけにいかないと、猛烈な村民の反対でおじゃんになった。

「百姓の息子や娘が学校の勉強して、いったい何になる。金も暇も損するだけだ」

というのが、村民たちの常識になっていた。そして保坂先生は、その不必要なことをしにきた「他所者《よそもの》」であった。

役場から、家が二軒みつかったから見てくれと言われたのは、赴任後一カ月を過ぎていた。その間、村に一軒しかない旅館に高い宿料を払って住んでいた保坂先生は、大喜びでその家を下見に行ったのだが、それは普通の人間にはとても住めそうもないしろものだった。一軒は観音堂で、便所もなければ炊事場もない、天井近くに採光の障子窓があるだけの化物屋敷で、もちろん電灯も水もあろうはずはなかった。結局、もう一軒のいくらかましな農業倉庫の方に決めたが、保坂先生は隣人すべて敵意の真っただ中に生活する自分たち家族の位置を、あらためて思い知らされる気持ちだった。

「八重子、壁はぶよぶよで天井は汚染《しみ》だらけ、どっちを向いても満足なものはないが、しばらく辛抱してくれ」

「ほんとうに、こんなことになろうとは……いくらなんでもひどすぎるわ……でも、やってみるわ」

しかし、翌日から八重子さんは口惜し涙を流さなければならなかった。

昭和二十三年といえば全国的に食糧事情が悪かったが、この仙田村は貧村であるためにいっそうひどかった。小、中学校は村立であるために教師たちは村から米の特配を受けたり、各部落から薪炭や野菜の上り物もあり、それほど不自由ではなかった。一方、保坂先生の家族は県立の教師なるが故に、これらの特典からいっさいシャットアウトをくった。

知人があるわけでなし、物々交換する一枚の衣類すら持ち合わせはなかった。薪のかわりに家中の紙屑をすっかり燃やし尽くし、ついには火の気のない暗い部屋で一家三人身体を寄せ合って暖をとった。

自分たちを白眼視している農家に行って、拝むようにしてゆずってもらう一握りの野菜に、八重子さんは涙を流した。どんなに困っても、貧しくても、他人に物を乞う心には落ちまい、そうねがってきた八重子さんの半生の自尊心は、この村に来てからというもの、土砂崩れのようにボロボロと崩れていくのだった。

「いままでも大変だったけど、生きるってこと、ほんとにいやになるくらいつらいのね」

「そろそろ悲鳴をあげたくなった?」

「いいえ、これぐらい平気よ。でも今日は悲しかったわ。人が見てたっていいから大きな声でワンワン泣こうかと思ったくらい……」

「また、嫌がらせをされたんだろう?」

「そじゃないの。野菜をわけてもらいに行った帰り道、観音堂の下の畔を歩いていたらね、滑って転んじゃったのよ。そしたら餌をあさっていたアヒルがわたしの足をつつくの。霙《みぞれ》は降ってくるし、片足は田んぼに踏みこんだままでモンペは泥だらけ。せっかくのネギは小川に流れちゃうし……アヒルにまで邪慳にされるなんて……と考えたら自然に涙がでてきて……」

「あんまりみっともなくて困った?」

「ふふッ、そうなの。あなたの方も大変でしょ。生徒さんもだんだん減っていくっていうじゃない?」

「減っていくのは事実だけど、いま残っている生徒は立派な青年ばかりだし、続きそうな気がしているんだがね」

「分校も大事だけど、こんな所であなたに倒れられたらもうおしまいよ。食べる物もろくにないのに一日も休みなしでは身体に毒ですよ。こんどの日曜ぐらい休まれたら?」

「闘いははじまったばかりだしな、いろいろ忙しくて休んでおれないけど、満州できたえた身体は『越後のチベット』あたりじゃまいらないよ」
「私だって満州の冬を、しかも死線を越えてきたんですもの……」
「今日はまたえらく張り切ってるね」
ちっとやそっとの気の張りようでは、とうてい持ちこたえられない現実の重みを負いながら、夫の前では努めて平気にふるまおうとしている妻の心遣いに、保坂先生は「もうちょっと辛抱してくれ！」と心の中で手を合わせるほかなかった。しかし、その「もうちょっと」がいつやってくるのか先生自身にも見当はつかない。あるいはついに実現されずに終わるかもしれないことだった。

夫妻のすべての希望も未来も、ただ分校の生徒たちに賭けられていた。

入学当初、百二十名もあった生徒が歯が抜けたように脱落して、十日もたたないうちに約半分になり、十一月の半ばには出席数は二十名たらずという日が続いた。専任教師は保坂先生ただ一人、ほかに四、五人の講師が本校や他の分校から来てくれるだけである。

なぜ生徒たちは学校へ来なくなるのか？　理由はいくつもあった。「百姓の小倅のくせに、明るいうちから学校へ行くなんてゼイタクだ」という年寄りたちの圧力に負けて退学する生徒が大多数で、あとは貧しさから他県に出稼ぎに出る者、激しい労働のなかで向学心を失っていく者など、そのいずれもが僻地教育の困難さを物語っていた。

「いま残っている二十人ばかりの青年たちを信用しよう。水っぱなを垂らしながら、破れた窓から吹雪の叩きこんでくる教室で、懸命に勉強している生徒たちの真剣な瞳だけはぼくたちのものだ。村中が反対しているなかを、登校しているこの生徒たちは勇気を持っている。この素朴な未来を信じるのが教師の最大の喜びだ」

「あなたの十八番ね。そのために満州でさんざん苦労したのよ。でも、あのときの二人の青年生きているかしらね」

「好い青年だった。あの青年たちの献身に対しても、ぼくたちはこの村の生徒たちを守る義務がある」

「ほんとね……」

迫る廃校の危機

保坂先生夫妻はともに山梨県の生まれ、昭和三年、保坂先生が中学校教師、八重子さんが小学校の先生をしているときに結婚した。

結婚後も滋賀県で夫妻は教職についたが、昭和十七年満州に渡り、保坂先生は青年学校の教師となった。このとき、四人の母であった八重子さんも同道、終戦の混乱のなかで男の子ばかり三人を失う悲劇にみまわれた。

零下十度の酷寒のさなかに、満人、ソ連兵の襲撃が繰り返され、日本人は次々に死んでいった。このとき、言語に絶する掠奪暴行を身をもって防ぎ、食物や薪炭の入手まで、あらゆる手段をつくして保坂先生一家を守ってくれたのは青年学校の教え子である二人の青年だった。飢え死にした三人の愛児は痛恨のきわみであったが、親子三人が帰国できたのはこの青年たちのおかげだった。

自分を守るだけでせいいっぱいの危険なときにあって、たとえ恩師のためとはいえ、この決死の献身は保坂先生の心に深く刻みこまれた。勤労青年の教育に生涯を捧げようと誓った信念は、この二人の青年の無償の行為の中に見事に実を結んだ。

それ故に、引き揚げてきてまもなく旺文社の赤尾社長や和歌山県の高校からあった就職の誘いを断り、自ら望んで僻地の分校に赴任したのだった。村民たちの敵意や生活の不如意に耐える保坂先生夫妻の精神には、このように根強い決意と悲しい思い出が秘められていた。

その保坂先生の悲願にも似た生徒たちの身辺は暗い影におおわれていた。

「ぼくたちを頭からばかにしているんです。分校は、なまけ者の集まりだとか、不良の根城だとか、面と向かって言うんです」

「戦災者で、人のうちにやっかいになってるくせに、大きな顔でよくも学校なんかへ行けるもんだと、ずけずけ言われるんです」

「登校の途中、腰の曲った婆さんまでが『何を習ってくるか知らんが、いい年をして恥知らずが』と聞こえよがしに言います」

「部落会で分校をつぶす相談があったんです。生徒を分校に入れなければ自然に学校も閉鎖されるだろう……って」

「人目がうるさいので、登校するときは野良着で来ることにしました」

「山の間道ばかり通って、学校も裏門から入るようにしています」

文化からも、民主的な一切の権利からも見離されかかっている二十名たらずの生徒たちに向かって保坂先生は言った。

「先生のたったひとつの頼りは、ここに集まっている君たちだけだ。もしも、この分校がつぶれるようなはめになったら、君たちの故郷であるこの村は文化から決定的に見捨てられることになる。君たちのつらい立場もよくわかる。しかし、この村の運命を背負っているのは君たち一人一人なんだ。いいかね。どんなに苦しくても耐え抜くんだよ……先生はこの村に骨を埋めても悔いはない。君たちのうちの一人でも残っているかぎり、先生は踏みとどまるつもりだ……わかってくれるね」

保坂先生を中心とする分校生徒二十名に対する、風あたりはますます強くなった。

まず、村議会が分校廃止の決議をし、県にその請願をする動きが起きた。

ただ一人の分校支持者である村長宅には、毎晩のように雪つぶてが投げられ、部落会は社会党、自由党などの政治勢力が介入し、事態は急迫してきた。

そしてついに、村議会は総辞職した。

村の勢力は、完全に古い習慣と封建制にかえるきざしを見せはじめていた。

生徒たちも足元をすくわれて次々に脱落、わずかに十数名が残るだけとなった。

それまで、「ヤミ屋」と冷笑されながら分校の経費を捻出するために、十里もの峻しい雪道をノートや鉛筆などの学用品を売りに行った保坂先生の努力も、徒労に終わってしまうかにみえた。

さらに、追討ちをかけるように最後的な通告がもたらされた。

村議会が総辞職した日、保坂先生は「ヤミ屋」のアルバイトに町にでかけていて、帰りついたのは夜の九時すぎだった。

坂を登って校庭にあがると、ふだんは暗くなっている屋内体操場にあかあかと電灯がついている。途中で総辞職の話を教え子から聞いていたので、反対勢力が村民大会でも開いて気勢をあげているのだろうと考えた。

教務室の戸を開けると、八重子さんが一人で事務をとっている。

「なんだね。あの騒ぎは？」

「踊りの練習ですって」

「踊り?」

「ええ、桜を見る会が毎年あるらしいわ」

「時もあろうにわざわざ今日、こんなばか騒ぎを演じなくてもよさそうなもんだ」

「青年団だけじゃないのよ。生徒も断りきれないで何人か入っているわ」

「そんなばかな……」

憤然として出かかると、受話器が鳴り響いた。今ごろ、どこからだろう? ふっと不吉な予感が保坂先生の頭をかすめた。

「はい、仙田中学校です。十日町高校の分校……主任の保坂……はい、私ですが……分校の生徒が……はァ……電話が遠いんですが……生徒がどうかしたんでしょうか……」

電話は混線もしていないのに、ひどく聞きとりにくかった。相手が夕方別れてきた本校の校長だとわかるのに手間どった。

「……あなたが帰ってから県から電話があってね。……来年……分校の生徒が……」

「え! そんなむちゃなことがありますか! もしもし……ほんとうにそうなんですか……はい……決定ですか……わかりました」

受話器を置いた保坂先生は、ぐったりと椅子に腰をおろした。顔は蒼白にやつれ、疲労の影がどすぐろく全身を取り巻いていた。

「あなた！　どうしたんですの。ね、どうなさったの？」

しばらくは無言のままうなずく夫を、八重子さんは心配げに見守るばかりだった。

「いまの電話、どんなことでした」

「うん、すっかりダメというわけでもないが、あまり希望もない話だ」

「どうなさったのよ、ほんとうに」

「分校をつぶすという、県からの正式通知が校長の所にきたそうだよ」

「まァ、ひどいわ。ヤミ屋の真似までして生徒たちの授業料を立て替えているあなたの苦労も知らないで、ずいぶん一方的じゃない」

「退学者が多いこと、授業料の納入が悪いこと、この二つが廃校の理由だ。むちゃな決定だけど事実は事実だ。できたばかりの分校をつぶすなんて県としても量見が狭すぎるけど、その前にこちらにも弱味があるし……」

「でも、あんまりひどい仕打ちだわ。せっかく、一年近く頑張ってきたのに……生徒さんたちがかわいそうよ……」

八重子さんは、肩をふるわせて泣きだした。

保坂先生にも、妻を慰める言葉はなかった。

わが子の受けた傷を乗りこえて

――あのとき、妻の言うように、この村を去っていた方がよかったんだろうか？

赴任してまもなく、保坂先生の一家は離散のぎりぎりまで追いつめられたことがあった。

転入学した夫妻の小学三年生の娘は、大人たちの気持ちを反映してか、子ども同士の間で徹底的にいじめぬかれた。

彼女が夢中になって本を読んでいるとき、悪童たちはドングリを投げつけて一斉攻撃をし、両親の悪口は絶えず、帰り道を待ち伏せしては棒や物差しでなぐり、正気の沙汰とは思われないリンチを受けた。

うすうす、その事を感づいた八重子さんは担任の先生によく頼んだりしたけれども、いじめはいつも先生の目の届く所ばかりで行われたわけではなかった。

ある日、髪をふりみだして帰宅した娘をみて、八重子さんは仰天した。

土色に変わった顔、額からは血が流れ、髪はくしゃくしゃで呆然と立っている娘をみて、八重子さんは全身から血の気が引く思いだった。気が狂ったように医師を呼び、応急手当をして寝かせつけはしたものの、八重子さんの怒りは静まらなかった。

その足で学校に行き、担任の先生に事情を説明し善後策を依頼したが、それはいっそう八重子さんを憤激させる結果になった。一言の謝罪や見舞いの言葉もない無責任な態度に、八重子さんは絶望した。

——もう見込みはない。ここにいては娘は殺される！

八重子さんは、深い決意をして夫を待った。授業料を徴収するために数部落をかけ回って、予想外な成果をあげたので上機嫌で帰った保坂先生も、娘の事件を聞いて驚いた。

「男の子どもが、みんなで三十分間も、踏んだり蹴ったりしたんだって……親にも叩かれたことのない子が……こんなにされて……草履で頭を踏んづけた子もいたそうよ……この傷だらけの頭をみては、いくら子どものやったことだといっても、私はもう黙っていられないわ。ね、明日、荷物をまとめて帰りましょう。ぐずぐずしていると殺されてしまうわ。私はこれ以上がまんするのはいやよ」

保坂先生は、じっと娘の顔を見つめたまま返事をしなかった。

「なぜ黙っていらっしゃるの。あなたが一生懸命、生徒さんたちのことでやっていらっしゃるんで、私もわがままを言わないできたつもりです。でも今日という日はもうがまんがしきれないんです。ね、そうしましょう。……なんとかおっしゃって……」

必死にすがりついてくる八重子さんを突きはなすように、保坂先生はポツリとひと言、

「それはダメだ」

と言った。

「なぜ、なぜですの」

「生徒と約束したんだ。最後の一人になるまで授業を続けると」

「そんなにあなたがいたければ、下宿でもなんでもして、いたらいいでしょう！」

「お前の言うとおり、赴任以来、腹の立つことばかりだよ。でもね……」

その夜は、夫妻は離婚沙汰にもなりかねない鋭い対立をしたまま朝を迎えた。

夫の仕事を理解しながらも、娘の生命を守ろうとする必死な母親のねがいと、四面楚歌の中で向学心に燃える十数名の生徒を守ろうとする老教師の情熱の闘いであった。

「廃校通知」を受けた保坂先生は、この夜の妻の言葉の、ひとつひとつを噛みしめていた。

涙のたまった顔をあげて、八重子さんは夫をみつめた。瞳は生気をとりもどしていた。

「先刻、望みがすっかりなくはない……とおっしゃったわね。どういうことなの」

「来年度の志願者が二十名あれば、分校の存続を認めてもいいという県の条件なんだ」

「二十名！　まだ三名か四名ぐらいしか決まっていないでしょう」

「締切日まで、あと二週間たらずの日数しかない」

「やってみましょうよ。生徒さんたちにも手分けしてもらって……志願者の勧誘を」

反射的に、保坂先生も椅子を立ち上がっていた。

「やるか！」

どちらからとも夫妻は手をだしあって、握手した。雪明かりの窓に、二人の影は美しく映えた。

師弟関係をこえた美しい情愛

翌日から、保坂先生は昼の授業を終えるや否や、学校をとびだして奥の部落に志願者集めに馳けずり回った。吹雪の夜も、マントと懐中電灯だけを頼りに、馴れない山道をいくつも越えて、農家の頑固な父兄を口説いて歩いた。

八重子さんは夫にかわって授業をし、女生徒たちに指圧や家事を教えた。

生徒たちも分校の運命を先生一人の肩に負わせられないと後輩を勧誘、アルバイトも自分たちの手でやろうと提案、単なる師弟関係をこえた美しい情愛に結ばれて、計画はすぐさま実行に移された。

三月一日は、願書の受付締切の日である。

二十名！

二十名！

物につかれたように、この二十という数字は保坂先生の頭にこびりついて片時も離れなかった。

足を棒のようにして部落から部落へ、気が狂ったように歩き、平身低頭、拝まんばかりに頼んだ努力にもかかわらず、確実な志願者は十三名にしか達しなかったのである。

運命の日、三月一日の朝、保坂先生は校長にも相談なしに非常手段を講じた。

それは授業を中止、全校生徒（といっても十二、三名）を手分けして、最後の勧誘にあたることにしたのだった。

そのころ、分校廃止の記事が新聞に出てしまったため、勧誘はさらに困難になっていた。山奥の部落で、ねばりにねばって兄弟二人を入校させることに成功した保坂先生は、「今夜のうちに、県に報告せねば手遅れになるともかぎらないから」と、村民のとめるのもきかず吹雪の中を帰途についた。

来るときは、さほどでもなかった風はしだいに荒れ、瞬間最大風速は三十メートルを超える猛吹雪に変わっていた。

村はずれの坂を三十分ほど下った渓谷にはいると、もう、にっちもさっちもいかなくなり道を見失ってしまった。股まで、ずぶっと埋まってしまう積雪はみるみる深くなっていった。隣村まで二時間あれば行けるという最初の予想は、とんでもない見当違いだった。

横から正面から容赦なく叩きつけてくる吹雪に悩まされながら、やっと少し平坦な台地にたどりついた。

「もう一息だ！」

黒々と前面に立ちはだかる城壁のような山を見ながら、保坂先生はポケットの中の二通の入学願書を握りしめた。

再び、崩れた山の斜面の上を突風にさらされながら、一足一足歩きだした。

そのとき、闇のなかから低い声が聞こえてきた。

「せんせーい」

「保坂せんせーい」

懐中電灯らしい、にぶい光が三つ四つ見える。

「おーい、元気だぞ！」

近付いて来たのは、息をはずませた教え子たちだった。

「志願者はどうだった？」

「二十二名ありました」

「なに、もういっぺん言ってくれ」

「二十……と二名。先生、万歳です」

「ほんとか？」

「来るとき、八重子先生がもう本校には連絡しました。ぼくら、それを聞いてから出かけてきたんです」

「僕も二名、勧誘してきたよ！　すぐ二名追加報告だ！」

「分校万歳だぁ！」

「保坂先生、八重子先生、万歳！」

感激に手をとりあって、師弟が吹雪の中で相擁したとき、凄まじい地ひびきと山鳴りが起こった。

「雪崩だ！」

生徒の一人が叫んだとき、保坂先生の黒い影は真っ白い雪煙の下に没し去った。

風雪のなかの卒業式

悪夢のような、雪に閉ざされた長い冬が過ぎ、村にも春がめぐってきた。

分校は廃校をまぬがれ、新学期がスタートした。

保坂先生は、生徒たちの必死の救出作業によって九死に一生を得、左肩甲骨の骨折、左膝関節の捻挫は一カ月ばかりの静養ですっかり元気になった。

春はきても、分校には依然として陽は当たらなかった。村民たちの無理解と妨害は続いた。

次から次へと困難な問題は絶えなかったが、保坂先生と八重子さんは、生徒たちの明るい瞳に力づけられ、分校建設に邁進した。

昭和二十七年三月十六日、とうとう仙田分校は第一回卒業式を迎えた。文字どおり風雪の四年を保坂先生夫妻と闘った卒業生は十名。

その生徒たちの後には、村民一千名がずらりと並ぶ盛況さであった。もちろん村はじまって以来の盛典である。

卒業証書を授与する保坂先生の前に、姿勢を正し、まばたきもせず見上げる二十の瞳があった。

「よくやってくれた！」

八重子さんは、卒業者名簿を読みあげる。

「第一回卒業生……」

証書の授与が終わり、「分校主任の告辞」のため、保坂先生は再び壇上に立った。包み紙から告辞の巻紙を取り出し、ひろげてみたが涙で紙面がかすんで、ひと言もでてこない。読むのを諦めた保坂先生は、生徒に向かって、

「おめでとう！」

やっと、これだけ言って壇を下りた。

誰も、拍手しなかった。生徒全員は、一斉にうなだれて泣きだした。保坂先生のこの言葉にこめられた愛情は、血みどろに闘ってきた生徒たちと八重子さんだけが知るものだった。

女生徒は、八重子さんに抱きついて離れなかった。

来賓の祝辞のあと、「蛍の光」の合唱は、歌にならなかった。すすり上げる声と歌声とごっちゃになり、八重子さんが弾くピアノの音もしどろもどろだった。

劇的な卒業式を契機に、ほとんど不可能と思われた村民の固い心がとけ、いま、保坂先生夫妻はこの村で「奇跡をよみがえらせた恩人」と尊敬され、村中こぞって敬愛の的となっている。青年団顧問、公民館審議委員などについた保坂先生も、婦人会や青年団女子部の顧問におされている八重子さんも、他県人で村の公的な役職にあるのは、仙田村はじまって以来ということである。

また保坂先生夫妻は、僻地教育の模範として、昭和三十二年「読売教育賞」を受賞した。この受賞の際の資料として、日ごろ手紙すら書いたこともない村民たちが、保坂先生のために真情あふれる素朴な表現で一千枚の原稿にしたのには、県の教育関係者も驚き、そして感動した。

そしてまた、このときほど村民の心が結ばれたこともなかったのだ。

間もなく停年を迎える保坂先生夫妻を、規則を変えてもこの村にいてほしいと嘆願しているのが、村民たちの気持ちの表われである。

（昭和三十四年十二月放送）

夫人の愛が心の病いを克服

童画家
谷内六郎・達子

たにうち　ろくろう＝童画家。大正十年東京に生まれた。幼少期病弱で兄の染色工房を手伝いながら漫画を独学。昭和三十年文芸春秋漫画賞を受賞、注目される。『週刊新潮』の表紙絵を創刊から担当。終生、心象風景を描き続けた。

幼き日の心が大切

高度経済成長は豊かさのなかに救いようのない貧困を生み、人びとの生活はきりもなく忙しく、いつでもなにかに追いまくられていて、ついには追われることが生活の基調のようになってしまっています。こんなにも多忙でせわしい社会の歯車に組みこまれてしまっては、人間らしいゆとりのある時間を楽しむ人は、ごく稀であるに違いありません。ただひたすらに息せききって駆けまわって働いたあとは、心ゆくまで人間らしい感情に浸って、しあわせな時間を持ちたいものです。そのために必要なものは、けっして、ヒマとお金ではありません。人間らしい自分をとりもどす心があれば少しぐらい貧しくても、悲しい苦しいことがあっても、実現できるものです。

そんなとき、私たちに静かに、なつかしい微笑をもって語りかけてくれるのがマンガ家の谷内六郎さんです。マンガ家というよりは、童画家というほうがもっと適切でしょう。

大人は誰でも、つらい人生の山路を歩いているうちに、心がかげったり、やむを得ず心を汚したりすることが多いもので、こんなにけわしい時代ではなおさらのこと、仕方のないことです。心をよごすといっても、べつに法にふれたり、犯罪にかかわるような非道徳なことでなくても、ほんのちょっとした感情や行為が、本来の自分に立ちもどって考えると、「人間としてよくなかったな」と反省させられることが多いものです。

そんなとき、私たちに無心に手を差しのべてくれるのが谷内六郎さんです。

子どもの世界にも、打算や虚栄や名誉欲はあります。しかし、そこには大人の世界につきまとう非情さはありません。まだ汚れていない心と感覚の世界がひろがっています。よく人は困難に対処するとき、「初心に立ち返って」といいますが、この「初心」とは子どものままに純粋で、損得勘定をわきに置いた心境を指していう言葉ではないのでしょうか。

また、人は想い出をたくさん持っている人ほど、しあわせなのだとも言います。ある人は、郷愁や想い出を消極的な生き方として批難をしますが、これは正しくないことです。どんな人生も現在と未来だけで構成されることはあり得ないのですから。歴史に残る偉人も、歴史的な偉業をうちたてたとき、その過去と無縁であることはできなかったからです。むしろ私は思うのです。世の中のすべてが機械的に合理的に運ばれる現代であればあるほど、幼き日の心に立ち返ることが大切なのではないかと。

郷愁はなにも産まない、というのはウソです。郷愁のなかの自分を探し出すことからしか、現実に生きる自分の姿を発見するすべはないのではないか、と思うのです。久しい前から、すぐれた芸術家たちによって「原始に立ち返れ」という警告が発せられていることも象徴的です。

左より山形アナウンサー、谷内六郎・達子夫妻、土方重巳

郷愁の童画家

まえおきが長くなりました。皆さんは『週刊新潮』の表紙に、駅の売店や本屋の店頭で、しばし立ちどまってうなずかれたことはないでしょうか。忘れはてていた自分を、そこに発見して、なつかしい想い出にとらわれることが……。谷内さんの絵は一貫して、子どものころの郷愁に埋められています。ほかのテーマで描くこともあるでしょうが、ほとんどは素朴なタッチの童画です。

たとえば「でんき飴」と題する絵、秋まつりになると、カスリの着物を着て、小銭をしっかり握りしめて鎮守の森に走ってゆく、と遠いところからでんき飴が雲になってやってくる現実と幻想のひろがる世界は、いまの子どもたちでは所有できないものでしょう。しかし、テレビ時代に成長する子どもたちも、古い時代を生きた大人たちとおなじように、不思議な発見を、いつでもするのです。「お湯や」で、昼間のお湯にはいると、みどり色のお湯の中で、手や足が伸びたり、ちじんだりして不思議です。「ポンポン蒸気」にのると、おなかまでポンポンひびくのでうまく声が出ません。だから「ヂョゴレードだべよ」と聞えてしまいます。「電車カバンを買った夜」は、おとうちゃんは焼酎でよっぱらっているので、プンプンお酒の匂いがしたりします。そして「晩」は、風呂の煙突からキツネがちょうちんを持って次から次へととび出してゆきます。

文芸春秋の『漫画読本』に、はじめて「行ってしまった子」という十点の作品が色刷りで発表されたのは、昭和三十年の早春でした。それまでは谷内六郎という名前を、誰も知らなかったのです。

この一連の作品が発表されると、人びとは自分の心の底に置き忘れていた美しい想い出を、そこに見出し、なつかしさとともに深い感動をおぼえたものです。それは単なる郷愁だけではなく、誰の血の中にも流れている生命の鼓動が、いっぱいにみなぎっていたのです。

その年の六月、文芸春秋の第一回漫画賞の受賞者に谷内さんがなったとき、私は心からの拍手をおくりました。この受賞で、谷内さんの名前は大きくクローズアップされ、一躍、漫画界の新星として騒がれたのです。しかし、まもなく、というよりも受賞直後に谷内さんは、ナイフで自分の手首をメチャメチャに傷つけて自殺をはかりました。このニュースは、私を仰天させましたが、同時に気持ちの隅っこで「やっぱり！」と感じさせるものもありました。こんなにすばらしい絵を描く谷内さんという人間は、ほかのどんな人よりもデリケートで純粋な心の持ち主に違いありません。このデリケートな心が混乱した世の中で育ってゆくには、つらいことや矛盾したことがあまりにも多すぎると思っていたのです。

作品を発表するまでに、谷内さんは長いあいだ強迫神経症と闘っていたのです。言葉で言えばノイローゼですが、私は、谷内さんが強度のノイローゼと闘いながら、この美しい絵を描きつづけたことを知ったとき、いっそう深い共感と衝撃を感じました。

家族の反対のなかで結婚

谷内さんは、その頃のつらい日々を回想して、こう言っています。

「ひと口に言って、ぼくの半生はゼンソクと強迫神経症とマンガのかたまりでした。小学校のころは先生やトビバコやボールのとんでくるのや何かがこわいので学校も休みがちでした。それで、しょっちゅう『のらくろ』マンガを描いていました。

ゼンソクが悪くなってからは、ほとんど毎日、注射をつづけ発作の時期には一昼夜ぶっ続けで一時間半おきに注射をするので、たいてい看護をする人が悲鳴をあげ、その間なんべんか気絶をし、救急車に乗ったりしました。

ひどい発作期間がすぎても、胸の中にはいつもピーピーと泣く大きなゴムマリが住んでいて、クスリの量は増えるばかり、空箱だけでも薬局の棚ほどありました。

クスリの飲みすぎのせいか、神経症がますます度を深めて人がこわい、電車がこわい、建物がこわい、……真夏でも部屋の中にテントを張って、その中に入っていることもありました」

こうした常人には想像もつかないひどい状態が、なんと十五、六年も続いたのです。発狂しないのが不思議なような時間が、くる日もくる日も続きました。そのあいだ、いつも、谷内さんを慰め、その命の灯をともしつづけたのは、幼い日の想い出を中心とする心のスケッチだったのです。

谷内さんは、お父さんが東京獣医学校の寄宿舎の管理人でしたので、当時、寄宿舎のあった東京渋谷で生まれました。八人兄弟の六番目です。十五歳のとき、お父さんが亡くなりましたが、すでに兄たちが一家をなしていたので、その庇護を受けて成長しました。

谷内さんの病気の克服には、お医者さんの藤井尚治さんや親兄弟のなみなみならぬ献身があり、そのたまものであることは谷内さんが命の恩人として認めているところですが、もうひとつ、結婚が、その闘病の最後の勝利をもたらす大きな力になったことも事実なのです。

奥さんの達子《みちこ》さんは、渋谷笹塚の歯医者さんの娘で、高校を卒業したあと、劇作家の飯沢匡さんの助手になり、みどりスタジオに籍をおいて、テレビ・コマーシャル用の人形つくりやデザインを担当していました。

童心の世界を、具体的な形に表わす仕事だけに、はじめて雑誌で谷内さんの絵を見たとき、「私が探していたものこそ、これだった」という感動にうちのめされたのです。その感想を書き送ったのがキッカケとなり、夢を同じくする者同士の文通がはじまりました。

人生とは不思議なものです。同じような夢を持ちつづけている者同士が、幸運にも、めぐりあう時もあれば、ついに、めぐりあうこともなく行き違うこともあります。谷内さんはしあわせでした。達子さんもしあわせでした。

やがて行き来がはじまり、愛情が芽ばえ、婚約をしたのです。

ところがそのすぐあと、谷内さんは病気が最悪の状態になって、半年間、面会謝絶の入院をすることになってしまったのでした。

誰がみても、谷内さんの病状は絶望的で不治の病いと思われました。ですから、両方の家族は、それぞれの立場でふたりの結婚に反対しました。

しかし達子さんは毅然として、結婚の意志を変えませんでした。今にしておもえば、この時、達子さんが結婚を断念していたら、谷内六郎という画家は、再起不能におちいり、私たちに美しい絵を見せてくれなかったかもしれません。

達子さんには谷内さんの病気を治せる確信があったのです。万一、治らない場合でも、自分の人形づくりで生活をしてゆく自信もありました。悲壮といえばまさに悲壮、八方ふさがりのなかでふたりが結婚生活にとびこんだのは昭和三十三年十一月三日、谷内さんが三十六歳のときでした。まもなく十年の歳月が流れようとしています。

奇跡は起きるものです。いや、人間のまごころは奇跡を起こさせるものです。結婚によって、谷内さんは病気と縁を切ってモリモリと仕事をはじめました。達子さんも、家事の合間に、たくさんの人形をつくり続けました。いまでも、どこかしらのテレビ・コマーシャルで達子さんの人形が活躍を続けています。

死と対決しながら描く

純粋な童心の世界に生きる谷内さん夫婦、その最大の傑作は昭和三十七年一月に生まれた広美ちゃんでしょう。

子ども好きの谷内さんにとって、生涯最高の贈りものは、わが娘であるに違いありません。私は、広美ちゃんが生まれて、まだ半年にしかならないころの谷内家を訪れたことがあります。谷内さんの娘に対する接し方は、世の常の親馬鹿を通りこして、この世でただひとつの宝物をあつかうような喜びにあふれていたのが、いまも私の心に焼きついています。

そのとき、考えようによっては、たいへん意地の悪い質問を、私は谷内さんにぶっつけてみたのです。

「病気が治るという自信はありましたか?」

「……」

無口な谷内さんは、なんと答えていいものやら困ってしまって、遠くを見るような表情をしていました。

「病気のあいだでも絵を描きつづけていたそうですが、どこかに発表するアテはありました?」

「いいえ。発表なんかしなくてもいいんです。いまでも、注文もないのに、毎日描いていますから……」

「すると、自分の描きたいものだけを……」

「ええ、描かないでおれないんです」

「病気のあいだ、どんな気持ちで絵を描いていました?」

谷内さんは、テレたような独り笑いをしてポツリと答えました。

「いつ死ぬかわかりませんでしたから、一枚一枚が遺作になるわけです。ですから、いつ死んでもいいように、遺言みたいなつもりで描いていました」

平和で幸福な人びとは、いつ訪れるかもしれない突然の死に対して、無防備なものです。いつ死がやってきても、「死よ、ようこそきてくれた!」と達観することはなかなかにむずかしいことです。死と対決しながら、毎日を生きるということは、なにか厳しすぎてつらいことですが、ほんとうの生とは、こういうものなのでしょう。谷内さんの絵が、私たちに感動を呼びおこすのも、こうしたきびしい姿勢に支えられているからかもしれません。

谷内さんは、みんなが知っている、それこそ大人も、いまの子どもたちも、みんなが知っている「夕やけ小やけ」の詩が大好きです。少しばかり音痴な谷内さんが歌う「夕やけ小やけ」は絶品です。はてしなくひろがる余韻は空の彼方までとどきそうです。

谷内さん、あなたが生きているかぎり、あなたの愛する子どもたちのために、そして、あなたが大事にしている想い出を忘れかけている大人たちのために、けがれなき魂の歌を歌いつづけて下さい。

私たちも一緒に、谷内さんの少しばかり調子っぱずれの歌に合わせて、歌ってみようではありませんか。人の世のしあわせをかみしめながら……。

（昭和三十六年六月放送）

収容所で作曲された望郷の歌

作曲家
吉田　正・喜代子

よしだ　ただし＝作曲家。ソ満国境の最前線、機関銃分隊長の吉田正伍長も全身十数カ所を負傷。捕虜になってシベリアのラーゲルで「異国の丘」をセメント袋に書きつけた。曲は本人が復員する前にヒット。

流行歌というもの

〝歌は世につれ、世は人につれ……〟という。古い昔から、人びとは悲しいときに歌を口ずさみ、うれしいときに高吟し、人の世の哀歓を歌に託して生きてきた。これはいまも変わらない。ひとすじに愛を捧げつくしたものの死に歌うのは〝鎮魂歌〟、恋人に捧げて歌うは〝愛の賛歌〟。

誰にとっても、人生は予測できない喜びと悲しみに満ちている。その思いがけない日に、思いがけなく口をついてでる歌は、たくさんの言葉や文言以上に的確に、人生のデリケートな真実を教えてくれるものである。

心うつうつとして愉しまざる日、五月の太陽の柔らかい光を歌う人のパラドキシカルな心理は、きっちりとまとめられた珠玉の短編小説の味わいをもち、それは鋭く人間の生き方に肉迫する力を持つであろう。そしてまた、現代社会に疎外されたサラリーマンたちが、八方ふさがりの壁に向かってぶつける自嘲の歌は、疑いようもなく現代の世相をリアリスチックに反映しているのだ。

若者は年相応の歌を、老いた人たちはなつかしい郷愁の歌を、恋する者たちは、めくるめくほどの愛の歌を、挫折した人間たちは救いようもない絶望の歌を、どんなに音痴であろうと、人は誰でも一曲は歌える歌をもっているものだ。

もっと極端に言えば、人はすべて作詞家であり、作曲家であるのだ。口に出して歌わないまでも、人の心には、いつでも、なにかの歌が溢れ、流れつづけているのだ、といえよう。

なにがなんだかわからない、もやもやとして解明できない心の中にメロディがある。それを取り出して形にするのが音楽家である。したがって、大衆の心の歌を形として現わす音楽家は、なによりもまず、大衆の心を知らなければならないのだ。

これは世界音楽史上に残るベートーベン、シューベルトなどの大作曲家にしろ、すぐに消えてしまう名もない小さい国の流行歌の作曲家にも共通の課題である。

左より吉田正・喜代子夫妻、フランク永井、橋幸夫、松尾和子

「夫と妻の記録」200回記念放送

歌は聴くものである以上に、歌うものであるといったら、その道の専門家たちに糾弾されるかもしれない。しかし、私はどこの国にもある民謡というものが、聴くよりも歌うことを目的として発生した事実に注目したいのである。誰がコトバをつくり、誰がメロディをつくったかも定かでない民謡のなかに、ほんとうの歌の意味を発見できそうな気がするからである。

そんな意味から、流行歌をケイベツする知識人をケイベツしたい。本来はクラシックの作曲家が高級で、流行歌の作曲家が低級であるなどという評価はナンセンスなもの。一国の宰相であった池田勇人が、いちばん好きな歌は、酒が入ると必ずでる歌は、ベートーベンの〝交響曲第五番〟ではなく、〝花も嵐も踏みわけて……〟であった事実を、知識人といわれる人たちにはぜひ知ってもらいたい。

まえおきが長くなった。私はここで音楽講義をするつもりはない。タイクツでカナシク、ちいとばかり楽しい、いわゆる人生について、歌を大衆の心のハキダメ（怒られるかな）として生きている一人の作曲家を紹介したいのである。

絶望のなかで〝異国の丘〟を作曲

その男の名を吉田正という。

幕あきは二十数年さかのぼって終戦直前。ところはソ満国境琿春の最前線。自分がいつ死ぬかも知れない兵隊たち。不安である。じりじりと迫ってくる死の恐怖におののいている。悪いことに失敗が許されない最後の突撃が迫っていた。極度の緊張のために兵隊たちは自分を見失い、口をきく者もいない。そんな状況のなかで、分隊長だけがちょっぴり陽気な自作自演の歌を口ずさみ、兵隊たちの志気を鼓舞した。その歌は、戦意高揚かならず敵をやっつける、という決め手にはならなかったが、死に直面した兵隊たちに束の間のやすらぎを与えたのは事実であった。

やがて突撃。日本軍はほとんど全滅という苛烈な戦いが続き、機関銃分隊長の吉田伍長も迫撃砲を受けて、全身十数カ所の重傷で異国の土にぶったおれた。

これでおしまい。失われていく吉田伍長の頭の中に、ふしぎなメロディーが流れていた。かつて聴いたこともない〝いのちの讃歌〟であった。〝こんなことでクタバッテタマルカ〟意識を失った吉田伍長はやがて捕虜としてソ連軍に収容され、三年間の抑留生活を送ることになる。

極寒、酷暑、伝染病と空腹と重労働。戦友たちはバタバタと死んでいった。クタバッテタマルカ！　吉田伍長は身動きもできない重傷を押して、心に浮かぶメロディーを夢中で手帖に書きとめた。

音楽の専門家でもなかったし、作曲を正式に習ったわけでもなかった。少年時代に音楽家になりたくて熱心に勉強したのでもなかった。

茨城県日立市のクリーニング屋の末っ子に生まれ、日立工業高校を卒業して、東京で二年ほど、設計技師の見習いをしたが、まもなく徴兵検査にとられて現役入隊、終戦まで四年間の軍隊生活を強いられた。

その間、いつとはなしに覚えた自己流の作曲法だった。真夜中、インスピレーションの湧くままに夢中でオタマジャクシを並べ、週番士官に見つかって重営倉に入れられそうになったこともしばしばであった。

将校たちは、たまの演芸会にヘンな歌を発表する吉田伍長、というイメージしかなかったが、下士官や兵隊たちには人気のある分隊長で、戦火のあいまにも、新しい歌をせがまれるくらいであった。

いつかは死ぬのだ。死ぬ時間はわからないが、生きて祖国に帰れるユメは所詮ユメにしかすぎない。吉田伍長自身にしても同じ想いであった。どうせ死ぬ。それがわかっていながら、なお、心の底からつきあげてくるメロディーをなにかに書き記さないでは、気がすまなかった。小銃弾がパチパチと音をたて、ときに臼砲の凄まじい爆裂音が草木をなぎ倒しても、吉田伍長はチビた鉛筆をナメながら、オタマジャクシを並べるのを止めなかった。

ラーゲルでもそれは続いた。

もちろん、ラーゲルという特殊な環境では書くメロディーもちがってきたが、生きていることの証しとして、なにかを書きつづけなければ、その日一日が終わらないのであった。苦労したのは、メロディーを書きとめるための紙であり鉛筆であった。戦友のなけなしの鉛筆を借り、セメント袋に五本の線を引いて、望郷のメロディーを書きつづけたのである。生きて帰れる望みがないからこそ、望郷の歌は惻々として戦友たちの魂をゆさぶった。

だが、この頃、日本では作曲者不詳の〝望郷の歌〟が大流行していた。そのひとつが「異国の丘」である。これは吉田伍長がラーゲルで作曲した三十曲のひとつで、戦友たちの間で「敗戦の賦」「ふるさとの風」とともに愛唱された歌であった。

「異国の丘」がヒットするにつれ、レコード会社では作曲者探しに大わらわになったが、シベリアの厳しい冬に閉じこめられた吉田伍長にそんな声がとどくはずもないし、吉田伍長自身、有名な作曲家になりたいためにつくったメロディーでもない。ひたすらに戦友たちの心の中の哀しみを代弁して、つくった歌にすぎない。ラーゲルの苦しい生活の中では、この歌だけが、人間性を支える唯一のよりどころであった。

廃墟の日本へ引き揚げる

ついに重傷の身をかかえて、吉田伍長は舞鶴に引き揚げてきた。夢にまで見たふるさとの山河がそこにある。つたない歌ながら、戦友たちの心のかぎりをつくした祖国日本がそこにある。感動が、吉田伍長をとらえた。それは歌とはなんの関係もなかった。もっときびしい現実が待っていた。生家のクリーニング屋を手伝うもよし、若き日に希望をみつけた建築設計に情熱をもやすのもよし、と考えていた吉田伍長の思惑は、家族六人が戦争で全滅したという現実で、いっぺんに吹っとんでしまった。

なにをする気も起きなかった。歌も忘れてしまっていた。虚脱した日々が続いていたある日、放送局が「異国の丘」の作曲者を探していると知って、はじめて帰国以来とざされていた心が動いた。それで名乗りでたのである。

大衆の中に生きる作曲家

以後の作曲家吉田正の活躍は読者の皆さんがよくご存じであろう。

昭和三十二年の大ヒット作、フランク永井の「有楽町で逢いましょう」をはじめとして、数々のヒットメロディーが巷に流れ、吉田正の名は一躍全国的になった。

流行歌手を育てるのにも定評のある吉田さんは、フランク永井のほか、「誰よりも君を愛す」の松尾和子でディスク大賞を受け、橋幸夫を世に出し、つねに若い才能をのばして日本の歌謡界に大きな貢献をしている。

プロの作曲家になって僅かに十数年。その作品はすでに千曲をはるかに超えた。兵隊時代に作曲した分を除いても、日に七、八曲はたゆみなく作り出したことになる。しかも年に何回かは日本中にひろがる大ヒット曲をとばしている。口の悪い人たちから〝五線譜の労働者〟とか職人とか言われているが、とても、そんなたとえでは表現しきれない不思議な創作力である。作曲に関しては学校へも行っていないし、先生もいない。では、何十年かに一人の天才か、というと私はそうも思わない。

私は吉田正の作曲の秘密は、彼が専門の学校に行かなかったことであり、師匠にもつかず、いつでも自分の心の呟きにしたがってオタマジャクシを書きつづけた強さにあると思う。

彼は優雅な書斎で高級洋酒をナメながら、おもむろにピアノを弾くような大作曲家のタイプではない。そんなヒマがあると街に出て、大衆のナマの息吹の中に溶けこんでみる作曲家である。別な言い方をすれば、とりすました芸術家が真似のできない庶民性あるいは俗物性を身につけているのだ。だから、どんなウス汚いバーでもナイト・クラブ、焼鳥屋、パチンコ屋へも平気で入りこんでしまう。そしてその中にひたりきって、大衆の夢と情感を肌で感じとる。いや、そのとき作曲家吉田正ではなく、喜び悲しむ大衆のなかの一人がいるだけである。

大成の影に夫人の献身

吉田メロディーは作られるのではなく、街の中から生まれてくるものだ。時代によってリズムとムードは大きく変わる。「異国の丘」、さすらいのメロディー、スローバラードの都会もの、夜のムード、「潮来笠」と並べてみると、なんの脈絡もないくらいバラエティにとんでいるが、その底を一貫して流れているのは、時代を敏感に反映した庶民感情である。侘びしいラーゲルの片隅で、戦友の哀歓を歌いつづけたように、吉田さんの五線譜は、いつでも大衆の心に生きているものばかりである。

結婚生活十五年――。引き揚げてからの吉田さんが、設計技師として勤めていた会社が潰れて、やむなく背水の陣をひいて作曲生活にとびこんだ、その貧乏時代にはじまった結婚生活である。

子供はいないが喜代子夫人もまた、作るのではなくて自然に生まれてくる吉田メロディーの最良の産婆役である。

三浦洸一、フランク永井、松尾和子、橋幸夫、三田明……吉田さんはスターづくりの天才といわれ、その門を吉田学校と称する人がいる。だが、作るとか育てるという言い方は吉田さんにはふさわしくないようだ。作曲家は歌手の個性を通じて、大衆の感情を通じて表現し、歌手もまた、作曲家との人間的なふれあいを通じて自分の才能を伸ばしてゆく……。そこにあるものは、兄弟のような親しい人間関係である。

経済問題、恋愛問題……さまざまな人生相談が持ちこまれ、それを一手に引きうける奥さんを中心にして、吉田さんのまわりからは、尽きることのない魅惑のメロディーが生まれてゆく……〝歌は世につれ、世は人につれ……〟である。吉田さんが街の中に、大衆の心の中にテーマを求めるかぎり、これからもヒット曲はかぎりなく、茶の間を、巷を豊かにするであろう。

（昭和三十六年三月放送）

〈取材ノート〉

豪華なゲストで華やかな番組になった。二百回記念の番組出演の交渉に自宅に伺ったとき、レコード制作を吉田さんに提案された。

——中島さん、自分たちが出演したから言うわけじゃありませんが、この番組はおおぜいの人たちが感動して観ています。二百回記念にレコードを作りませんか。

——ありがたいお話ですがムリですね。

——どうしてですか。

——乏しい予算で番組を作っていますのでとてもレコードをだすお金はありません。

――レコードを作るのにそんなにお金がかかるんですか。

――当然。折角ですが……。

――あなたが詩を書いて私が曲を作ればレコードは出来るんです。明日のお昼までに書いて下さい。

――そんなムリですよ。

――明日のお昼までですよ。


二百回記念のスタジオで三浦洸一が朗々と歌うのを聞いて私は胸がつまった。いい人たちに出会った。

「愛ひとすじに」作詩・中島力、作・編曲・吉田正、合唱・東京混声合唱団、演奏・ビクターオーケストラ、歌・三浦洸一

回想（山形定房）

ゲストが当時の大ヒット歌手フランク永井、松尾和子、そして売り出し中の橋幸夫とあっては、その方に注目が集まりそうだったが、さすが吉田さんは「先生」の貫禄を充分に示された。仕事は家にもちこまないという吉田さんの夫人に対するこまやかな心づかいと、それに応える口数は少ないながら信頼しきった夫人の表情が忘れられない。

爆撃の下でもドストエフスキー研究

ロシア文学者
米川正夫・丹佳子

よねかわ　まさお＝ロシア文学者。東京外語のロシア語科を卒業し陸軍大学のロシア語教官になる。その間、ドストエフスキー全集の翻訳に取り組む。しかし、ショーロホフの「静かなるドン」を翻訳して解任された。

愛は木枯しの中で育った

奇妙な結婚式だった。

昭和十年に、夫人に先だたれたロシア文学者の米川正夫氏が、現夫人の丹佳子さんと結婚式をあげたのだが、その日、三人の男の子が、花嫁姿の丹佳子さんの回りから、離れないのだった。

(花嫁さんには、連れ子があるのだろうか?)

まさか言葉には出さないが、式場係の連中には、そんなことを考えた者もあった。

たしかに、事情を知らない人には、そう見えたに違いないのである。若くて美しくはあったが、花嫁の眼差しは、そばで見上げている三人の子どもの上に、母親としての優しさをたたえて注がれていた。

しかし、式に招かれた親しい人たちは知っていた。

「米川先生は、幸せなお方だ」

「あんないい方と再婚なさるんですからね」

「子どもさんたちの嬉しそうな顔をごらんなさい」

三人の男の子たちは丹佳子さんの連れ子ではなく、正夫氏の子どもだったのだ。その子どもたちが、新しい母となる丹佳子さんの花嫁姿につきそって幸せそうな顔をしている。だれもが、ほのぼのと温かいものを感じ、幸福な結婚生活を確信できる美しい風景だった。

米川夫妻の第二の出発はたしかに幸福だったし、その幸福はずっと今日まで続いている。

「だけど、幸福って、かげろうのようなものだ」

と、いまの丹佳子さんは思う。

春の日に太陽が微笑み、草がみどりに萌えているときは、だれもかげろうを見ることができる。しかし、秋風がわたるとき、木枯しが吹きすさぶときはどうだろう。

大気の中の同じ営みはあるのだけれども、だれもかげろうを見はしないし、だいいち、かげろうと呼びもしない。

（そんなときに、かげろうのようなものが、もえているのを感ずることができる人は幸せなんだ）

と、丹佳子さんは思う。

そんな幸せのかげろうにつつまれた正夫氏と丹佳子さんの過ぎ去りしかたには、秋風に心を寂しがらせた日も、木枯しに頬を痛めた日もあったのである。いや、生命ひとつをなげ出して、ひたむきに燃焼させてきた日が多かったというべきであろう。

江戸直参の旗本の家に生まれた丹佳子さんは、東京

米川正夫・丹佳子夫妻

女子高等師範に在学中、有能な商社員と結婚したが、子宝に恵まれないうちに、夫に病死された。

ちょうど同じころ、垣根ひとつへだてた隣家の米川正夫氏は、妻に死なれて小学校五年をかしらに三人の子をかかえて、ひっそりと暮らしていたのである。

正夫氏は、岡山県高梁市の生まれ。明治四十五年に東京外語のロシア語科を首席で卒業ののち、旭川第七師団のロシア語教師になった。

文学的な才能に恵まれていた氏は、北海道の自然の中で教師生活を送りながら、ドストエフスキーの「白痴」の翻訳と取り組んでいた。

大正十年には、招かれて陸軍大学のロシア語教官になった。それから二十年の長いあいだ、同じ職にあったが、「軍部が好きだからではなく自由になる時間がたっぷりあったから」だった。おびただしいロシア文学の古典的な訳業の大半は、この教官時代の余暇になされたものであった。

夫を失った丹佳子さんと、妻を亡くした正夫氏とが隣り同士の境遇であったことは、運命の摂理といえるかもしれない。

最初、丹佳子さんが、すでに高名だった正夫氏の三人の子どもたちと仲良くなったことも、また運命の巧まざる演出だったかもしれない。人のすすめで、丹佳子さんと正夫氏の心はうごき、ゆっくりと時間をかけて、しずかな愛が育っていった。

開化した「母の愛」

「子どもを生んだことのない私に、お母さんの責任が果たせるでしょうか?」

丹佳子さんは、新婚間もないある日、正夫氏に言った。あらためて、そんなことを言うまでもなく、考えぬき覚悟を決めていたはずなのに、やっぱり、言ってみないではいられなかったのだろう。

「子どもは鏡みたいなものだよ。子どもの姿を見ていると、あんたがすばらしいお母さんだということがよくわかる」

と、正夫氏は答えた。丹佳子さんは夫の次の言葉を待ったが、正夫氏はそれ以上のことは言わなかった。

子どもたちは、丹佳子さんに実母のようになついていたが、なんといっても、いたずら盛りであった。

ある日、丹佳子さんは、本気になって怒りながら部屋の中を追っかけまわした。そして、言った。

「もうあんたたちには怒らないことにしました。怒ったって、ちっともいうことを聞かないんですからね」

するると、子どもたちはハッとしたように立ちどまり、いまにも泣き出しそうな声で、

「いやだ。怒らなければいやだ」

と言うのだった。

ときには、小さい子が丹佳子さんに叱られてベソをかくこともあった。そんなとき、正夫氏は知らん顔をしていた。普通の父親なら、継母と子どもたちへの心遣いから、「おりこうな子はお母さんのいうことを聞くんだよ」というふうにとりなすところだろう。それを全くしない正夫氏に、丹佳子さんは深い信頼と愛情を感じるのだった。

（私はこの子たちを本気で愛している。だから怒るときも本気で怒っている）

丹佳子さんのそういう気持ちが、正夫氏に通じていたにちがいない。文学者の家庭にふさわしい知的な明るさにつつまれた夫妻と子どもたちの上に、平和で楽しい日々が流れた。

しかし、まもなく始まった昭和十二年の支那事変をプロローグとして、昭和十六年の第二次世界大戦へと戦火が拡大してゆくにつれ、米川家にも暗い雲が垂れこめるようになった。その暗い雲は、一家の柱である正夫氏の一身に、いやな黒い影をおとしてきたのであった。

昭和十五年の秋、正夫氏は雑誌社に頼まれて「蝉丸」という短文を書いた。有名な謡曲の琵琶法師蝉丸と狂女の物語である。

正夫氏はその原稿を勤務先の陸大へ提出した。すべてが軍事色に塗りつぶされたあの時代は、軍部の出版物に対する監視の眼が厳しく、とくに軍関係に職を持つ人たちはすべて、発表する原稿を事前に提出して、許可を受けなければならなかったのである。ところが「蝉丸」という原稿は、一週間ほどして、「この随筆は許可相成り難し」という判をペタリと押されて戻ってきた。貼り付けた紙片には「自由主義的傾向あり」と、ごていねいな但し書きまでがついていた。

それからさらに、翌十六年三月のこと。

ある出版会社からショーロホフの大作「静かなるドン」の全訳をたのまれた。

「いい仕事はしたいが、しかしこの大長編を翻訳してしまってから『許可相成り難し』じゃ立つ瀬がないね」

温厚な正夫氏は丹佳子さんにそう言って苦笑した。そして念のためにと思い、憲兵隊や内務省の検閲課にまわって意向を打診した。

なおも続く木枯しの季節

それから二、三日後、正夫氏は講義があったので陸大に出かけた。教室に入ろうとする正夫氏を、大学当局の副官が呼びとめ一通の書類を手渡した。それには「陸大教官を解職する」と書かれていた。

理由はすぐにわかった。

『『静かなるドン』のようなソビエト文学を、こともあろうに陸大の教官が翻訳するとは、もってのほかだ」

と言うのである。

（私は、もともと陸軍に禄を食むことを好む人間でない。勤めていたのは、文学の仕事をする時間的な余裕があったからだったのだ。いさぎよく辞めてやろう！）

そうは思ったものの、二十年間も勤めた正夫氏である。未練はなくとも、もっと納得できる理由の説明がほしかった。しかし、戻ってきた返事は「抗弁無用」の一語だった。一片の書きつけで人間の運命を変えてしまう嫌な時代だったのである。

それからというもの、正夫氏の身辺には「特高」という名の刑事が、影のようにつきまとうようになった。

「ソビエト文学をやるような者は、スパイをしているに違いない」

という、まるで子どもの推理のようなでたらめな、疑いをかけられて、十一日間も留置場に放り込まれたこともあった。

こそ泥や博徒と膝をつき合わせた留置場の中で、正夫氏は山本元帥の戦死、アッツ、キスカ島の玉砕のニュースを耳にした。

戦争の暗い雲は、まうます陰うつな色になりつつあった。

計画したドストエフスキー全集は中断し、丹佳子さんを大蔵大臣とする米川家の財政はピンチにおちいってしまった。原稿を書くこと以外に収入の道を知らない「学者子ども」の正夫氏が、頼みの綱のペンを、軍部という怪力の持ち主に押さえられてしまったのだから完全にお手あげの恰好だった。持ちものを売って食いつないでいるうちに、悪いことは重なるもので、丹佳子さんは胸を悪くして、育ちざかりの子どもたちを眺めながら、暗たんたる思いにかられる日が多くなった。

そんな暗い戦争が、次第に日本の破局へと近づいていた昭和二十年の三月、夫妻は、結婚以来はじめての大喧嘩をした。

三月十日東京がアメリカ軍の大爆撃を受けた。丹佳子さんは不安におののきながら言った。

「ねえ、この家を売って、疎開しましょうよ。これじゃ、いまにみんな死んでしまいますわ」

ところが正夫氏は、この当時としては当然な申し出を頑として受けつけなかった。

「疎開したら、仕事ができなくなる。いまの交通事情で、こんなにたくさんの本を運ぶことはできないだろう。私は、あくまでも東京にとどまる。そして、たとえ出版はされなくてもドストエフスキー全集を完訳するんだ」

弱い身体で買出しにもでかけ、すいとんを食べざかりの三人の子どもたちに、ひとつずつでも多くというふうな毎日を過ごしていた丹佳子さんには、正夫氏の言葉が、あまりにかたくなものに思えたのだろう。予期せぬ厳しい言葉がとびだしていた。

「あなたは仕事をしながら死んだら本望でしょうけれども、それではあまりに子どもたちが可哀そうです！　私は子どもたちを連れて軽井沢にでも行きます。あなたはどうぞお好きなようになさい」

正夫氏はハッとしたように丹佳子さんを見た。大事な子どもを守ろうとするためには一歩もあとにひかない女性の、いや母性というものの厳しさを、正夫氏は妻のつきつめた表情に見た。義理の母と子なのに、と思うと雪崩のような感動が正夫氏の胸をゆさぶった。

「おまえがいないと、私はご飯も食べられないし……」

気弱な声でひとり言のように言った。そのひと言で丹佳子さんの顔にはやさしい微笑がもどっていた。

羽ばたく不死鳥

戦争が終った。丹佳子さんの愛の手にはぐくまれて成人した子どもたちは、みんな外国での学究生活を送っている。長男は東大史学部を卒業、ソビエトに留学、モスクワ大学でロシア史の研究をしており、次男は早稲田の露文科を卒業後、ワルシャワ大学の日本語講師となり、三男は早稲田の仏文を経てソルボンヌ大学に学び、現在はローマに留学中である。丹佳子さんと正夫氏が結婚したのは、この末っ子が五歳のときだった。

正夫氏も今年七十歳、昭和二十三年に胃潰瘍の手術をして以来、米食をやめて、ビールを一日十本ほど飲んで主食に代えるという風変わりな食生活だが、仕事への情熱の厳しさが、まだくろぐろとした髪を保たせている。

丹佳子さんの胸の病気は、戦時中の無理で、かなり進行していたのである。

そしていまでも時間をぬすんでは安静をつづける身体でありながら、「日ソ夫人懇話会」の幹事としてソビエトを訪問したり、エネルギッシュな活躍を続けている。

「私はね、『お見舞い詐欺』という妙なアダ名を持っているんですよ」

と笑う。笑顔の美しい人である。

出版社の人が病気を知っているので、ときどきお見舞いを届けるのだが、ご本人は、そんなときに限って、元気よく応待するので、「まるで詐欺にひっかかったみたいだ」と冗談を言ったのがアダ名の由来である。しかし、これは幾度も生死の境を彷徨《さまよ》ったことを意味しているのである。

正夫氏の五十年来の親友で同じロシア文学者の中村白葉氏は、この夫妻に舌を巻くような口調でこう言うのである。

「米川は米のメシも食べられぬ身体で、精力的な仕事をしているし、奥さんは奥さんで不死鳥のような人だな。あの夫婦には、医学や理屈では説明できない何かがある」

その何かとは、本能的に持っていた母性を義理の子どもたちに美しく花ひらかせた丹佳子さんと、あらゆる迫害に抵抗して節を守った正夫氏とを結ぶ黄金の線である。愛という名の黄金の線である。

(昭和三十六年四月放送)

放送後 ビールだけを飲んで生きているひと。私もビールが好きだけに大変興味深かったが、その陰に丹佳子夫人の栄養バランスを考えた苦心の肴づくりがあるのを知って表面的なビール礼賛はやめた。

フランス政府から美術文化勲章

画家
平賀亀祐・メリー

ひらが　かめすけ＝画家。明治二十二年三重県の港町に生まれる。明治三十九年絵の勉強のため渡米、さらにフランスへ。外国人初の「ル・サロン金賞」を受賞。メリー夫人はモジリアニのモデルとして有名。

十六歳で絵の勉強にアメリカへ発つ

「とうちゃん、おれ、アメリカへ行って絵の勉強をしてきたい」

ある夜、亀祐少年が突然こう切りだしたとき、父の利三郎さんは、さすがにびっくりして、まだ十六歳のわが子の顔をまじまじとみつめたものである。

漁業と真珠の養殖で暮らしをたてている三重県志摩半島にある小さな港町に、明治二十二年に生まれた平賀亀祐氏は、十二、三歳のころ、すでに画家になろうと決心していた。

絵を描くことが好きでたまらなかった。しかし明治三十年代に、こんな小さな港町で、絵描きになるためにアメリカに行くという思いつきは、あまりに唐突すぎる話であった。

「絵を勉強するにはアメリカへ行かなければダメなのかい」

「わからない。夕方、港で海をスケッチしていたら、急に行ってみたいと思っただけだ」

少年の夢に、もっともらしい理由などあろうはずはない。海を眺め、海鳴りを聞いて育った少年が、海の向うの国々に憧れ、一度は行ってみたいとねがうのは当然であろう。ただ芸術的な資質に恵まれていた亀祐少年の場合、漠然とアメリカへ渡りたいというのではなく、そこで絵の勉強をしたいという希望だけははっきりしていた。

一度は、この夢のような申し出におどろいた父の利三郎さんだったが、さすがにえらかった。当時の金で四百円という大金をつくった。苦労してかけてきた無尽をおろして少年の夢に投資したのである。

希望に胸ふくらませた亀祐少年は、まずハワイ行の船に乗って故国日本をあとにした。明治三十九年のことである。

旅立ちを知っている人は誰もいなかった。

それから五十年、この亀祐少年がフランス画壇最高の、まして日本人としては初めてのル・サロン金賞、文化勲章、学士院賞などの目のくらむような栄光をひっさげて、故郷の熊野灘に面した漁港の片田舎に帰り来ようとは、誰ひとり想像もつかないものであったろう。しかも生粋のパリジェンヌであるメリー夫人と九人の子どものうち三人を伴っての帰国だったのである。

亀祐少年はハワイでサンフランシスコ行の片道切符を買うと、残りの金はそっくり父に送りかえした。貧しい中から金を工面してくれた父への思いやりと同時に「おれは一人前の画家になるまでは引き返さないぞ」というかたい決意からでもあった。百姓仕事や海できたえた身体を資本に、手あたり次第に何でもやって生きのびる決心がこれできまった。

当時の海外雄飛の少年や青年たちが誰でもしたように、おきまりの皿洗いや労働をすれば何とか食べていけた。しかし、仕事のため

平賀亀祐・メリー夫妻

に時間を多くとられたり、肉体労働で疲労しては絵の勉強はできない。そこで、時計の修理技術をおぼえ、ひとり口が安定すると、サンフランシスコの美術学校に通いはじめた。さらに宝石鑑定技術も身につけた。こうした生活の智恵が一般の渡航者とは違っていた。

絵には強い自信を持っていた。その自信が、在学中に賞を受けるという事実で裏づけられたころ、フランスの万博審査員のひとりが、

「ムッシュ・ヒラガ。パリに行って勉強してみないか。絵はなんといってもパリだ」

と誘ってくれた。

パリ。それはすすめられるまでもなく、いつかは行ってみたいと思っていた街だ。だが、旅費をつくるほどの金はなかった。

パリ行の旅費が欲しいばかりに、亀祐氏はロスアンゼルスに出て、郷里でやったように漁をしたり、時計の行商をしたり、金になりそうなものは何でもやった。はてはユダヤ人と組んでダイヤの輸入にまで手をのばした。ところがある日、新聞を見てびっくり仰天した。手を組んだ仲間のユダヤ人が盗賊として警察にあげられていたのだ。ダイヤの輸入でまとまった金が入ると期待していた彼は、投資した資本もろとも完全に元のモクアミになったことを知ってがっくりきた。

しかし、「もっと深入りしていたら、知らなかったとはいえ、盗賊の一味としてブタ箱入り

は確実、あぶないところだった」と苦笑しながら胸をなでおろすだけの心の余裕はあった。

どんなことがおきてもパリ行の希望だけは捨てなかった。やっとタバコ輸送船に便乗させてもらってパリに向かったのは昭和二年、アメリカで十九年間も苦闘を続けたあとであった。

フランスではアカデミー・ジュリアンに二年間働きながら通い、ルシャン・レモンに師事した。文なしの画学生のことである、生活はいぜんとして苦しく、パリの野菜市場に捨てられた花キャベツを拾ってきて、幾日もかじっていなければならないこともあった。しかし屋根裏部屋でカンヴァスに向かうとき、貧しさも空腹も忘れた。セザンヌもゴーギャンもゴッホもそうだったように、絵を描くこと、それだけで他のすべての苦しみを忘れることができた。

「カンヴァスは嘘をつかない」

これが彼の信念であった。そのすぐれた才能は徐々にではあったが、パリの画家たちの間で注目をあつめていった。

美少女メリーとの愛

藤田嗣治画伯といえば、オカッパ頭のフランスの日本人画家としてよく知られている。ある年のこと、フジタ画伯がブリタニ・コルシカノ地方を写生旅行したとき、砂場でひとり遊びにたわむれている少女に会った。ととのった顔立ちの中で黒い瞳が光っていた。画伯の眼は、その少女のもつ孤独の影に魅かれ、その場を立ち去りかねた。

「この子はそのまま絵だ」

名前をきくと「メリーよ」とあどけなく首をかしげて答えた。そして少女の薄幸な境遇を知って、彼女をパリに引きとり父親代りになって育てることにしたのであった。

養女にしようとまで思ったが家庭的なわずらわしい障害があって、それができなくなったので、知り合いの画商ズボロスキー氏に彼女をあずけた。

成長したメリーさんはフジタ画伯が直感したとおりの彫刻的な笑顔にますます深みを加え、しぜん、画家仲間のマドンナ的な存在となった。細長い少女を特殊なタッチで描いて日本でもてはやされたモジリアニのアトリエによばれ、カンヴァスの前に座ったことも何度かあった。彼女をモデルにしたモジリアニの名作は、いま世界中の画集におさめられている。

そんなころ、メリーさんはズボロスキー氏のサロンで、ひとりの日本人画家を紹介された。意志的にかたく結ばれた唇、ふとく大きな手、芸術家だけがもっている眼の光……たくましい生命力と繊細な情感がいりまじった、強烈な印象のこの青年画家が、彼女の心に不思議な感銘を与えた。

こうした運命のめぐりあいが、三十歳を少し超えた亀祐氏と十七歳の少女メリーさんを結びつけた。

「ムッシュ・ヒラガ、あなたはいつか日本に帰ってしまうのでしょうね」

ある日、思いつめたような瞳でメリーさんが訊《き》いた。

「いや、一生帰れないかも知れない」

「どうして……」

「ぼくはル・サロンの金賞をもらうまでは日本に帰らない決心をしている」

「そう……」

メリーさんはうなずいた。ル・サロン金賞は、日本では日展の最高賞に相当するもので外国人がこれを受けることは、不可能といっていいくらい難しいことであった。ちょっと考えこんでいたメリーさんが、続けて言った。

「そんなら、ムッシュ・ヒラガはフランス人になってしまうおつもりね……」

「いや、ちがう。ぼくは日本人だ。外国に籍を移そうとは思わない」

不可能と思われること、普通の人には矛盾としか見えないことを実現するために人生を賭ける……それが芸術家というものかもしれない。

彼女は唇をきっと結んだ亀祐氏の顔をみつめ続けていた。こんな語らいが異郷にある無名の青年画家と、パリの孤独な少女との、つまりは愛の語らいであったことに、ふたりは気がついていた。国際結婚が最初の華々しさにひきかえて悲劇に終わることの多いのを理性で考えるまえに、絵だけを見つめて育った二つの心はいつか宿命のように寄り添っていた。仲間たちの祝福を受けて、やがて二人は結婚した。

夫は「壁の詩人」

「貧乏だったので、そのころ、パリの裏街をスケッチブックをかかえて歩きまわるだけが仕事でした。私は古い家の壁ばかり描いていました」

こう亀祐氏は新婚当時の苦しい生活を回想する。するとそばからメリー夫人がたどたどしい日本語で「カベの詩人、カベのヒラガ」と言って笑った。

「壁の詩人」とか「壁の平賀」という愛称で親しまれていたということは、貧乏ではあるが亀祐氏の作品がパリの画壇で認められ始めていたということである。

「ムッシュ・ヒラガ、いい人、と、みんな言いました」

と言ってから、とぼしい日本語では追いつかないメリー夫人がフランス語で言葉を添えた。

「人間的に、信頼できる人なんです。とっても安心できる人なんです」

信頼できる人、という証拠になる想い出話として夫人が語ってくれたのは、先にちょっと紹介したロサンゼルスでの盗賊の仲間の後日談である。

それは亀祐氏が画家として安定した評価を得てからのこと、昔なつかしいロサンゼルスで個展を開いた。そのとき、あのダイヤの輸入を計画した仲間たちが、わずらわしい連絡や会場の準備を、彼を助けて積極的に応援してくれたのである。そして一夕、ウイスキーをなめながら彼らが口々に告白したところによると、彼らは亀祐氏を仲間から失いたくなかった。いや仲間のリーダー格にしたかった。そこでパリに行くことができないように、計画的に盗みを働いて、悪いことの仲間にひきずりこんでおこうとした、と言うのである。

絵を描くことひとすじに打ちこんでいた亀祐氏にとって、こんな迷惑なハナシはないが、彼が信頼できる人であるというだけでなく、何となく人柄のスケールの大きさを髣髴させるエピソードである。

メリー夫人は日本のこころをもった女房

壁の詩人は次第にパリ画壇に重きをなしていった。

一九三四年、ル・サロン銅賞、一九三八年、同銀賞、そして一九五四年（昭和二十九年）に、パリの日本人としては初めての歴史的なル・サロン金賞を獲得、同時にフランス政府から美術文化勲章を授与された。

さらに一九五七年にはフランス学士院賞、そして亀祐氏の作品はフランス政府の買上げになってルーアン美術館、リュクサンブール美術館、スタンフォード美術館の壁を永久に飾ることになった。

ある日、カンヴァスに余念なく筆を走らせている彼の傍にいつか立っていた夫人が、

「ル・サロン金賞を得たんですから、もういつでも日本に帰れますね」

とやさしく言った。

アメリカとフランスに五十数年を過ごした亀祐氏の瞳が、このとき望郷の想いにうるんだのは当然であろう。メリー夫人は、そんな夫を励ますように言った。

「私も行ってみたい。あなたから聞いている日本の山河は美しく、人情のこまやかなお国です。そして、そこは私にとってもふるさとの国です」

「メリー、よく言ってくれた。ぼくはうれしい。貧乏しながら九人の子どもを育てあげ、自分の国で余生を静かに送ろうと思えばそれもできるのに、日本に帰りたいぼくの気持ちをよくわかってくれた。ありがとう」

一九五五年、彼はまず単身、五十年ぶりの日本の土を踏んだ。いま浦島はブリジストン美術館で作品展を開き、故国の人たちに大きな感銘を与えた。

そして一九六〇年（昭和三十五年）の十月、メリー夫人と三人の子どもをつれて故郷の家に帰ってきた。

村の人たちは、彼の帰国を知ったとき、まっさきにメリー夫人のことをいろいろと噂しあっ

た。フランスのパリ育ちといえば、派手で流行好み、そしてダンナさんを尻に敷くような奥さんかもしれない――。

だがメリー夫人は村人たちの予想をまったく裏切ってしまった。彫りの深い美貌はうなずけたが、地味な服装も亀祐氏に仕える奥さまぶりも、日本の主婦と少しも変わらなかった。

彼はまた彼で、炉の火に手をあぶりながら近所の老人に向かって言うのだった。

「なあ、じいさん。おれは男の子にはフランスの名前をつけたが、女の子は百合子、菊子というふうに日本の名をつけたよ。おれは日本人だからな。メリーにだって、そのつもりになってもらったよ。日本の女房は〝おっかあ〟らしくなくちゃな」

メリー夫人にとっては、日本人だのフランス人だのというまえに、すべてをささげられるひとりの人間があっただけのことであろう。人間の愛と信頼とは国境をこえて、より広くより強く結びあうものだということを、二人は身をもって示してくれているといえよう。

このとき日本にやってきたのは、恵美子さん、雪子さんに末っ子のフィリップ君。

「折をみてほかの六人の子どもたちを日本に連れてくるのが楽しみです」と、近所のおかみさんたちと手真似の井戸端会議に花をさかせていたメリー夫人の横顔がいまも印象に残っている。

（昭和三十六年一月放送）

精薄児に愛情注ぐ夫妻

こけし製作
郷野宮次・幸代

ごうの　みやじ＝「愛染堂こけし工場」主。戦後、浮浪児が街に溢れた。五人の非行少年をつれて山形に帰り農業をやり、精薄教育にこけし工芸がいいことを知り工場をたてた。ＩＱは動くという信念がすばらしい。

こけし作りを支える力

山形県米沢市の街外れにある「愛染堂こけし工場」には、従業員にまじって、たくさんの精薄児たちが働いている。というより精薄児のあいだで職人たちが働いていると言いなおした方がいいかもしれない。三十四人の従業員のうち二十人までが精薄児なのだから……。

米沢はこけし工芸の四大産地といわれ、その製品は国内だけでなく遠く東南アジアや中南米にも輸出されている。

「愛染堂」はその米沢のこけし工芸の中でも、技術において特異な存在である。ほかの工場では真似のできないこけしが精薄児たちの手によって作られているのである。

「ほら、見てください。この焼き具合を。色付けにしてもうまいもんでしょう」郷野宮次さんは嬉しくてたまらないという表情で、「これは、みんなに馬鹿にされている精薄児たちが作ったんですよ」

このような自信に満ちた郷野さんの笑顔を支えているのが、世間ではつまはじきにされている精薄児たちであるとは……。

郷野さんはこうも言う。

「私は精薄児にも人格があると信じているのです。

他人に害を与えず、明るい気持ちで生きていくこと、これは立派な人格だと、私は思うのです。人間、誰でも万能ではありません。理数に明るい人でも文学的なことになると文盲に近かったり、商才はあっても技術の知識は皆目ゼロであったりで、完全な人間なんておりませんよ。だとすると、こけし作りというほかの人には真似のできない技術を身につけている精薄児が、世間的な知能が低いからといって、いったい、誰が笑えますか。

こんな論法が通用するなら人間多かれ少なかれ精薄児傾向を持っていることになるじゃありませんか。いま、私の所で働いているA君など、その技術のすばらしさと温和な性質で、隣近所から大変尊敬されていますよ」

工場には、精薄という言葉の響きから受ける暗さもみじめさもない。どの顔もみんな明るい。笑っている顔、ロレツの廻らない言葉が調子っ外れなリズムにのって流れてくる……上を向いて歩こう、涙がこぼれないように……。下を向いて、懸命にこけし人形に取りくんでいる少女。真剣な目付きで旋盤を扱う少年工、なれた筆先で人形の顔を器用に描いていく二十代の青年……みんな、みんな精薄の子どもたちである。

労働が知恵を生む

精薄児の能力は一般に知能指数によって測定される。それによると、ここにいる子どもたちは70が最高で、ほとんどは30以下である。30という数字は白痴である。一般社会では、誰も相手にしない、ときとしては肉親さえ相手にしない人間たちである。十八歳までは施設で預かってくれる。そこにいるあいだは未だしも彼らは幸福である。仲間がいるし、白い眼で見られることもないから……。

しかし、十八歳をすぎると強制的に施設を追われる仕組みになっている。そうなったら、軽蔑と批難の視線をまともに浴びて生きていかなければならない。また、十八歳まで施設にいることのできる子どもはごくわずかの少年少女たちでしかない。とすると、この不幸な子どもたちは、いったい、どこでどうして生きていくのだろうか。

もっとも簡単な方法がある。金と手間をかけて仕事を教えるよりか遊ばせておく方がいい、結局、白痴は白痴でしかない、可哀相だが一生飼い殺し……親兄弟も先生も役人もそう考えていた。

医学的には絶望だという。

だが、はたして白痴は永久に白痴なのであろうか。

郷野さんはきっぱりと否定する。

「いま、工場の美術主任をしているF君は、ここに来たときＩＱは測定不能という書類持参でした。30でも20でもないのです。測定することさえできないというのです。そんな人間が、どうして自分でデザインを考え、ラッカーを塗り、みんなの面倒をみていけますか」

「問題はやり方です」と郷野さんは言う。

「やりさえすれば、一分以下だった作業持続性が五分になり、一時間になる。自分のやっていることの意味がわかるようになる。ほかとの比較ができるようになる。十円、二十円、百円、千円、一万円……確実に生産実績はあがっていくのです。労働が知恵を生みだしていく、これが私の信念です」

二十人の子どもたちはここへ来るまでは、例外なく家族や世間の厄介者であった。それが作業能力に応じて月給を貰い、逆に家族を養うようになっている例もある。

ある母親はその喜びを次のように語ってくれた。

「私たちが生きているあいだはいいとして、死んでしまったあと、知能のおくれた子どもがどうやって生きていけるのか、いくら財産を残しておいても安心はできません。将来のことを考えると、ほんとうに死んでも死にきれない気持ちでした。

親の区別さえつきかねていた子どもが、郷野さんの所に行くようになってから、あまりうまくはありませんが、私のことを『かあさん』と呼ぶようになったのです。

日曜になると、とぶようにして帰ってきて、土産に貰ってきたこけしを見せて、得意そうに、ここは自分がこうして作ったのだと説明をしてくれるのです。

初めての月末の日曜日、息子から月給袋を渡されたときの、私の気持ちを察してください。一生、なんにもしなくてよい、ただ、他人の荷物にさえならなければ……とひたすら、そればかりを願っていた子どもから、自分の手で働いて、はじめて貰った月給を渡されたのです。金額は三千円ぐらいだったでしょうか。私にとっては、三千万円にも三億円にもかえられない尊いお金でした。さっそく神棚にあげて拝みました。息子が一生食べていけるだけのものは貯めてあっても、そんなお金よりも、その時の三千円は貴重で、嬉しくて涙がこぼれました。

いまでは子どもにもお金の価値がわかるらしく、自分で働いたお金で時計や洋服を買っております。そんなことで仕事にもはげみがでてくるんでしょうか。帰ってくるたびに、なんだか知能の方もすすんできているような気がします」

こけし工場の母

郷野さんが精薄児の仕事として、こけし工芸を思いたったのは、いまから十年前のことであった。

教育の専門家でもなければ、社会事業家でも宗教家でもない。米沢で生まれたが、生いたちは貧しく苦しかった。雑貨屋の小僧をしながら小学校へ行ったほどであった。そのころの不幸な思い出は、いつまでも心に沁みてはなれなかった。やがて上京して独学で勉強し、汽車工場の職工になり、警視庁のお巡りさんにもなった。

戦後、街にあふれている浮浪児をみて、郷野さんに少年の日の痛切な哀しみが甦った。なんとかしなければいけないと決心、警察をやめ五人の非行少年をつれて山形県に帰り、農場開拓を始めた。

非行少年を観察しているうちに、その大部分の原因が精薄的傾向にあることに注目して、郷野さんは精薄児教育に真剣に打ちこむようになったのである。文字どおり寝食を忘れての研究であり献身であった。自分のためには一文の得にもならないどころか、負担の多すぎる生活である。明けても暮れても、つかれたように精薄児問題に夢中になっている夫に愛想をつかして、警察官時代に結婚した妻は、ついに二児を残したまま家出してしまった。

それからまもなく、樺太から引き揚げの堀幸代さんが農場に入植してきた。引き揚げ前後の無理がたたってカリエスを患い、左の膝が曲がらなくなっていたが、手先が器用だったので、郷野さんのこけし作りを手伝うようになった。子どもたちにしめす温かいおもいやりと異常なほどの忍耐強さ……いつしか幸代さんは郷野さんにとってよりも、精薄の子どもたちにとって、なくてはならぬ人になっていた。

昭和三十年、結婚と同時に米沢に工場を建て、もっと大勢の子どもたちを迎えることになった。「愛染堂こけし工場」の操業開始である。「愛染堂」とは、知能の低い子も高い子も、みんな愛情で染めあって生きていこうという気持で、そう名付けられた。

どんなに忙しい妻の座があるとしても、幸代さんほどエネルギッシュに、つつましく、明るく、その忙しさのなかに身を投げこんで生きている人は少ないであろう。

朝起きるとすぐ、家族と子どもたちの分をふくめて二十五人分の食事の支度を、たった一人でやってのける。それが終わると工場に入って、子どもたちの面倒をみながら黙々と働く。

幸代さんはもっとも有能な働き手であり、デザインから絵付け、包装、と不自由な身で万能の働きをする。まもなく昼食、またも二十五人分の炊事、子どもたちが食べているあいだ漬物をつけたり、洗濯をしたりで自分は食べられないときがしばしばである。夕方まで工場で働き夜の食事をすませても、幸代さんの日課はまだ終わらない。

残業をするのである。子どもたちが寝しずまって、吹雪の音だけが窓をたたく深夜、郷野さん夫妻はいつまでも残業をする。そうしないと工場を維持していけないのである。幸代さんはここ数年爪を切ったことがないという。切るまえに自然に摩滅してしまうのである。このひとことをみても、幸代さんの労働の厳しさがうかがえよう。

しかし、幸代さんはそんな日常をちっとも苦にしていない。

「預かっている子どもの母親たちが、大勢の食事は大変だから炊事婦をやとったらどうか、その経費は出すからと申し出てくれましたけど、お断りしましたの。いくら大勢だろうと自分の子どもの食事をつくるのに他人まかせにはできませんもの。

平凡な主婦の楽しみは、ございませんけど、子どもたちのこの純心な顔をみてください。こんな笑顔にかこまれて生活している私は、むしろありがたいと思っています」

子どもたちが勇気をくれる

借金で始めた事業であったが、やっと軌道にのりはじめた一昨年のこと、子どもの火の不始末から工場が全焼してしまった。

「夜半の一時頃でしたか、気がついたときには工場全体に火が廻っていました。すぐに家内が子どもを集めて退避させたんですが、調べてみると二人ばかりたりない。それで火の中にとびこんで探したが方角がさっぱりわからない。手さぐりで部屋中を走り廻っているうちに、寝ている子どもを踏んづけたんでわかったんですよ。担いでとび出したんですが、どこをどう逃げたかおぼえていません」

その時、郷野さんは全身に火傷を負い、工場は再起不能になった。

工場閉鎖を覚悟した郷野さん夫妻に、七百万円もの借金で工場再建を決心させたのは、焼け出されて寒さにふるえながらも、夫妻を信じきって安心している二十人の子どもたちのつぶらな瞳であった。

工場は立派に再建された。

しかし、またもピンチは容赦なくやってきた。手形の不渡りをくい、同業者の破産で連帯保証の責任を迫られ愛染堂の屋台は大揺れに揺すぶられた。

(こんどはダメかもしれん……)

(いっそのこと工場をやめたらどんなに楽か……)

それは事実であった。

ある同業者はこう言っている。

「精薄児なんかを使わないで、郷野さん夫妻と二、三人の職人だけでやっていけば、いまの三倍は収入がふえることは確実ですよ。損しないどころか、月に三十万円はかるく残っていくでしょうに」

たしかに常識では割りきれない酔狂な話ではあった。いく日も夜更けの残業が続き、疲れき

ってくると、郷野さんもときには考えこむこともあった。

（いったい、なんのためにこんな苦労をしているのだろうか）

だが、次の朝、無心の子どもたちを目にすると、ひるんでなどいられない気持ちになってく

るのだった。

「人間ですから、私だって家内だって、この仕事をやめれば楽な生活が待っていることぐら

い承知しているつもりです。

しかし現実には、休みの日なんかに子どもたちが実家に帰ってしまうと、寂しくて落ちつか

ないんです。だから、経済問題など度外視しても、一生、この行き方を続けていこうと、いま

はもう決めていますわ」

もはや、絶対に手ばなすことのできない子どもたちである。これはまさしく肉親の愛情であ

ろう。しかも肉親の愛を超えたところで、夫妻は子どもたちを見守っていこうとしている。そ

の献身によって、子どもたちは、自分の力で生きていく、そんな確かな未来に向かって、一歩

一歩近づこうとしている。

医学の上では動かないとされているＩＱであるが、夫妻は信じているのだ。

「ＩＱが動かないはずはない！」

雪の残る東北の町の夜更け、今夜も郷野さん夫妻ははてしない残業を続けている。夫妻の胸の内をロレツの確かでない子どもたちの歌声が、温かく流れている。

……上を向いて歩こう、涙がこぼれないように……。


（昭和三十七年十二月放送）

原子雲の下で闘う夫妻

医師 蜂谷道彦・八重子

はちや　みちひこ＝医師。昭和十三年広島逓信病院内科部長、終戦時に病院長。全身に百数十カ所の傷を負いながら患者の治療に当たった。その記録「ヒロシマ日記」をパールバック、オッペンハイマー博士が絶賛。

原爆投下――病院へ走る

昭和二十年八月六日朝――

広島の空はからりと晴れて雲ひとつない。逓信病院長の蜂谷博士は徹夜の警防勤務で疲れきって帰宅した。

――空襲警報は解除されていたし、これでひとまず安心だ。

妻の八重子さんがいれてくれた茶をすすりながら、離れの座敷に腹ばいになりぼんやり庭を眺めていると、戦争のさ中とはいえ、深い静寂が漂ってくる。樹木のたたずまい、庭石の乾いた肌に落ちる八月の太陽、濃い影が庭に深みを与えて美しい。

博士はぼんやり庭の美しさにみとれていた。

連日の激務で積もった疲労感にはなにか快いものすら感じられた。しかし、この深い静けさがむざんに消し飛び、次の瞬間には修羅地獄に変わってしまうなどとは想像もつかないことであった。

放心したような博士の目の前で、強い光が二度すうすうと続けざまに光った。音は聞こえなかった。黒い日影がまったくなくなり、庭の隅々、石燈籠の中まで明かるくなった。

マグネシウム・フラッシュか？　電車のスパークにしてはおかしい、はてな？

それ以上思案をめぐらす暇はなかった。薄暗い闇を通して、斜に傾いた柱がぬっと現われたかと思うと、屋根瓦が凄まじい勢いで四方に飛び散った。反射的に飛び起きて、倒れた柱の下をくぐり、廊下を走った。

「八重子、八重子、どこにいるんだ」

妻の名を連呼しながら走る博士の恰好はシャツもパンツもつけていないまったくの丸裸。自分のおかしな姿に一瞬ひるんだが、しかし服装を気にしているほどの気持ちの余裕はなかった。右半身が疵だらけになり、太股には棒きれが突きささっている。顔から口へ生暖かいものが伝わってくる。無意識にさわった手にべっとり血がこびりついた。頬に穴があき、下唇が二つに割れて片方がぶらさがっているような気がした。ガラスの破片が首にささっている。引きぬくと血が胸に伝わって流れ落ちる。

——これでは助からない。頸動脈がやられてはおしまいだ！　八重子だけはなんとか助けたい——。

「どこにいるんだ、八重子、返事をしろ」

必死に叫び続ける博士の声を聞きつけたのか、左手で右肘を押さえながら、よろめくように母屋の方から現われた八重子さんの顔は蒼白だったが、致命傷は受けていないようだった。

「よし、お前は助かる。逃げよう」

「どっちへ……」

「病院だ」

博士は縁から庭に飛び降りた。夫妻は崩れ落ちた瓦や板の間をくぐり、懸命に出口を探した。やっとの思いで道に出たとたん、住みなれた家は土煙をたてて倒れた。病院にたどりつきさえすれば、妻だけは助かる。患者は全部退院させてあるからいいのだが、職員たちはどうしているか？——

新しい患者が集まっているだろう。脇目もふらず病院に向かって歩く博士の念頭には、妻を助けることと院長としての責任を果たしたいというひたむきな願いだけが残っていて、重傷の身体をかろうじて支えているのはこの精神力だけだった。
二、三十歩歩くと息ぎれがする。脚が重い、喉がかわく。絶え間なく血は身体中から流れ、ふきでている。
「あなた……」

八重子さんはエプロンをはずして渡す。

「ありがとう」

腰に巻いて前をかくしながら、博士は出血多量のため貧血がひどく、意識がしだいに薄れていくのを感ずる。

——このままだと共倒れになる。せめて八重子だけは——

「八重子、ひと足先に病院に行ってくれ」

「あなたはどうするの。置いていくのはいや」

「何を言ってるんだ。病院に知らせるんだ。早く行きなさい」

「はいッ」

小走りに駆けだした八重子さんの脚は血まみれである。気のゆるみのせいか、にわかに歩きにくくなり、身体中の気力ががっくり脱けて急に心細くなった。無我夢中で歩いていた博士は何かにつまずいて立ち止まった。人の頭だ。下半身のない青年将校の頭だった。「失礼、失礼」

と詫びてみたが返事は返ってこなかった。気がついてみると、通りの脇には無数の死体が転がり、生きて立っているものも人間らしい恰好をしてはいなかった。丸裸の婦人が血まみれになった赤ん坊を抱えてとぼとぼ歩いている。腰から上が丸焼けで皮がずるずるになっている兵隊。鈍くなった思考力のなかで、業のように医者としての責任感がうずいていた。

――万一、助かるなら、この患者たちを何とかしなければならん。病院の倉庫には消毒薬と繃帯が残っている。しかし、こんなに患者が多くては衛生材料がたりないぞ――

街角を曲がるとき、振り向いた妻の小さな姿を視線の端にとめながら、博士は灰色の空の下を懸命に歩き続けた。右外股に大きな血の塊ができている。何気なく引きちぎると、疵口からまた血がふきだしてきた。血の塊と思ったのは疵口にぶらさがっていた肉のひと握りであった。

――きっと五百キロ爆弾だ――

立退き疎開で家がなくなった広場に出て、コンクリート建の大きな逓信局の病院が薄闇をとおして見えたとき、博士は口の中でつぶやいた。

――これで、死んでも死体だけはなくならないですむ――

自らの生命をかえりみず治療にあたる

病院についても、そこは安全な場所ではなかった。院内は一面の火の海ですさまじい龍巻風が破壊家屋の大きな破片やバラック小屋を叩きつけてくる。

博士は夜になって、大きな疵を三十カ所ばかり縫い合わせてもらうと深い眠りに落ちてしまった。

翌朝、強い太陽の直射と患者のうめき声で目がさめた。カーテンもガラス戸もない診察台の上に寝ていた。鉄の窓枠は吹き飛ばされ、コンクリートの壁はひびだらけである。隣りのベッドでは八重子さんが高熱をだして苦しんでいた。

あとでわかったことであるが、博士の受けた傷は大小合わせて百数十カ所、八重子さんも数十カ所の負傷をしていた。

絶対確実ということはいえなかったが、夫妻の生命がなんとか持ちこたえるだろうという見通しがたったのは一週間後のことである。

しかし、自分の生命が極度に危険な状態のときにありながら、意識が恢復するや、博士はベッドの上で軽傷の職員たちを指揮して患者の治療にあたった。当時、病院には付近の市民が殺到し、収拾のつかない混乱状態にあった。満足なベッドは一つもない。廊下から便所まで重傷患者があふれ、病院の玄関までたどりついて息をひきとる者や、コンクリートの上に横たわったなり身体を動かすことのできない者が多く、その上、子供を探す母親の絶叫やショックで気が狂ってしまった患者の悲鳴で、なんとも形容のしようのない地獄絵図が繰りひろげられていた。

最初の夜に十六人が死んだ。その屍体を焼く臭いが夜中、病院のまわりにただよい、まだ生きている患者たちを恐怖に陥れた。

「あなた、たいへんよ、廊下は患者がいっぱいで足の踏み場がないわよ」

廊下のようすをみてきた八重子さんは興奮して説明する。

「足元をよく注意して歩いていたんですが、つい人の足をふんで、思わず大きな声で『失礼しました。痛かったでしょう。許してください』って言ったんですが、その人黙って何も言わないんです。よほど怒っていると思ったの。それでもういっぺんお詫びをいったの。そしたら……そしたら……」

「どうしたんだ」

「気味が悪くて、まだ胸のあたりが……」

「なんのことかわからん」

八重子さんは小声で、

「死んだ人の足でした」

と言って泣きだした。

二週間ばかりの間に死者は百人を超えた。博士は歩けるようになると松葉杖をついて患者の回診を始めた。そのときの博士の恰好は、汚れたパンツ一つと手縫いシャツ一枚ひかっけた乞食部落の与太者よろしく、とても医者といえる恰好ではなかったが、患者の方も負けず劣らずだった。丸裸で全身火傷の青年、腰巻き一つの瀕死の老婆、すごい美人で顔だけ焼けずに身体中火傷で血膿の中にいる娘もいた。

「みんな、もう少し辛抱してくれ。県の衛生課に薬品その他補給を頼んであるから」と患者たちを激励して回った。

八重子さんも瀕死の母親のかたわらで乳をのんでいる赤ん坊をあやし、動揺している人たちの気持ちを柔らげるために、陽気な冗談を言い、自分を忘れて患者たちを慰めることに没頭した。しかし玄関口の菰をかぶった老婆が、通るたびに同じような語調で「早く死なせてくださいませ。まだお迎えがありません。家の者は死んでしまって私一人で生甲斐がありません。早くまいらせてくださいな」と十本の指を合わせて拝まれるのには、まったく慰める方法はなかった。

佐伯の婆さんも気の毒な人だった。

女手ひとつで二人の子どもを育てたのに、次男と長男の嫁を一瞬にして失い、三日目には長男を亡くしてしまった。婆さんがひとりぼっちになった淋しさを泣きながら訴えると、八重子さんは、

「心配しないでな。これからはずーっと一緒に暮らしましょうな」
と言うほかなかった。

八重子夫人の発熱

五百キロ爆弾、秘密兵器、特殊爆弾などという言葉で表現されていたのが、「原子爆弾」であり、広島には七十五年の間、草も木も生えず、もちろん人間は住めない、というニュースを得たのが八月十三日、県の衛生課でのこと。

――七十五年間生存不能なんてデマだ。被爆地にいる私が、日増しによくなっていくではないか?――

医者としての不屈な意志が、博士の心をふるいたたせた。

よく気をつけてみると皮下に血斑が現われている患者の容態は悪く、斑点が増えだすと間もなく死んでいくようであった。患者たちは誰も彼もが不安な顔つきをして自分の皮膚を調べている。斑点恐怖症にとりつかれていた。自分を含めて患者たちの症状を検討してみると、被爆一週間ばかりして全身倦怠、食欲不振、嘔吐、下痢がおこり、次に血便や血性下痢症患者の続出で赤痢かと思われたが、白血球の減少、皮下溢血斑とわずか二週間の間に種々雑多な症状が襲い、ついには頭髪がごっそり脱け落ちはじめた。

「あなた、小林さんのあんなに黒かった髪が、すっかり落ちてしまいました」

小林さんというのは爆心地から〇・七キロの地点で罹災した十九歳の娘である。十八日から皮下溢血斑が現われ、いまでは頭髪が尼さんのようになっている。

自分の頭の髪を握って引張ってみると、もともとそう多くない髪が束になって脱けてくる。八重子さんも同じである。

「髪の毛が脱けだしたら危険だなんて言ってはいけない。斑点ですっかりおびえているんだから、なるべくなんでもないようすをしていなさい」

「いろんな症状が次から次にでてくるけど、治療の方法はないのかしら」

「いまのところ、わからない。でも、なんとかしなければならない。県の衛生課でも対策がたたない有様だから他から指示や援助を待っているわけにはいかない」

「どうなさるの?」

「まず、爆心地がどこかを決め、それを根拠にして被爆者の位置と白血球数の関係を詳しく調べてみよう。なにかでてくるにちがいない」

博士は軽傷の医者や職員たちと困難な調査を始めた。うだるような暑さが続いた。脱毛と斑点で死亡していく者が何人かあった。そんななかで八重子さんが発熱、息苦しいというので診察してみると——体温三十八度五分、右側背下部に水疱音があり打診音やや短縮——クルップ性肺炎である。さっそくトリアノンをブドウにまぜて注射して安静にさせることにした。元来、色の白いほうだった八重子さんの皮膚は透けるように蒼白く、額や二の腕には悪魔の爪跡がいたましく浮きでている。

――ここまできてだめにはしたくない。しかし被爆のあとで肺炎とは！　体力が弱っているだけに危い。一週間、雨の降りこむ窓際に置きっぱなしだったのがいけなかったのか。患者たちの話相手にとび歩いたのが響いたのか――

「あなた……」

薄く目をあいた八重子さんは、苦しそうな息の下から博士に話しかける。

「玄関のお菰をかぶった婆さん、どうしました？」

「元気だよ。相変わらず『早ようまいらせてくださいな』って言ってるけど、人間そんなに簡単には死にはしないからな。大丈夫だよ」

妻にいいきかせるつもりの言葉は、なかばは博士自身の心の支えのつもりであった。

「佐伯の婆さんね。家においてあげましょうよ」

「うん、そうしよう。病院で何か手伝ってもらってもいいしな。一生、めんどうをみてやろう。婆さん炊事がうまいから助かるよ」

「でも……家が焼けちゃってないわね」

八重子さんの瞳は熱っぽくうるんで、遠くを見ている感じである。

「……あなたったら病院に着いたとたん、何を言うかと思ったら『死んだ者おらんか。みんな大丈夫か』だって。ご自分はそれっきりへこたれてみんなに担がれてしまったくせに――あれでよかったんだわね、きっと……」

「もういい、眠りなさい」

涙のにじんだ目尻をふいてやりながら、博士もこみあげてくる激情を押さえがたかった。

――ちぢみのシャツとズボンをはいていたのに、ピカッときたとたんに、着ていたものは完全にどこかへ消えてしまっていた。いまもって納得がいかないけど、素っ裸で歩いていたとき、エプロンを外して渡してくれた八重子。夫婦としては何でもない、ささやかなことがかけがえのない重大事として思い出されるのはどうしたことだろう――

診察治療の体験ノート

九月に近づくころ、血球調査の結果がほぼまとまり、広島医科大学の玉川教授による死体解剖によって症状の実態がつかめてきた。

工兵隊からもらったランプの火を頼りに、博士がノートの切れ端に書き綴った原稿が、「原子爆弾による七十五年不毛説」を否定する、日本における最初の発言となった。これは博士が自らを実験台とし、また傷ついた身体に鞭うって患者の診察治療にあたった尊い体験と愛情から生まれたものである。

原子病に関する注意　広島逓信病院

一、八月六日空襲当日広島市以外にありたる者にしてその後引き続き広島市内へ勤務中の者につき血液検査をなしたるところ、異常を認めず。爆撃当日電信局地下室において服務中の者にして爆風、光線をほとんど感ぜざりし者につき同様検査を行ないたるもこれまたなんら異常なし。以上の状態の者は安んじて業務を継続すべし。

二、現在までにおいて白血球の減少を認むる者はおおむね爆心地に近き電話局、電信局、搬送工事局の従業員である。逓信局においては白血球減少はおおむね軽度または正常に近し。

三、火傷の程度と白血球の減少は無関係のものの如し。頭髪の脱落は必ずしも重傷を意味するものにあらず。

四、白血球の減少ある者は病毒に対する抵抗力弱きをもって怪我をせぬよう注意する。

（以下略）

九月三日、八重子さんの熱がひき、容態はぐんぐん快方に向かった。そして三十日には退院して郷里である宇治の実家に帰っていた。実家には母方に疎開させておいた一人息子の修一君が待っていた。博士はなお病院に残って重傷患者の治療と研究に献身した。

臨床記録「ヒロシマ日記」の刊行

運命の日、八月六日がまためぐってきた。十五回忌である。国際政治の変転は激しく、私たちはともすれば現実の波に押し流されて八月六日の出来事を忘れがちになる。

しかし、あの日、灰色の原子雲の下を血だらけになって放浪した被爆者たちにとって、八月六日は忘れ去ることのできない日であろう。傷は癒えて外見は普通の人たちと変わらなくみえる。広島もめざましい復興をして、原爆ドームを除いてはどこにも当時の面影はない。広島の樹木は被爆前と同じように美しい緑に彩られている。それは全国民の平和へのねがいが勝ちった勝利なのかもしれないが、はたしてそれは真実の平和であるのか。私たちは平和への努力を惜しんではいないか。再検討してみる必要があるようである。

蜂谷博士夫妻はこの十五年間、声を大にして平和を叫ぶことをしなかった。いわゆる平和主義者や平和屋にはならなかった。八重子さんは同じような境遇の人たちの慰めの相手として懸命に生きてきた。病床で気にしていた孤独な佐伯の婆さんを引き取って、いまも生活を共にしている。

博士は生命の危険な状態にありながら病床でノートのちぎれたのや薬包紙の余白にたんねんに書き続けた貴重な臨床記録を基礎にして治療対策を発表して貢献するかたわら、当時の状況を「ヒロシマ日記」と題して出版した。

本はノースカロライナ大学出版局から昭和三十年八月六日に発刊され、さらに、英、独、仏、スペイン、オランダ、ポルトガル語などに翻訳されて世界的な反響をよんだ。バートランド・ラッセル氏は「未だかつてなかった感動の書」と絶賛し、パールバック女史、オッペンハイマー博士、ルーズヴェルト夫人などからその勇気と貢献に対して感動の言葉が寄せられた。

この著作の印税が一万ドル（邦貨三百六十万円）に達したとき、夫妻はその使途について協議した。

「なにか役に立つものに使いたいね」

「あなたが元気で働いてくださるし、院長としての収入で私たちは十分なんだから不幸な人たちに寄付しましょうか」

「寄付もいいけど、もっと有効な方法はないかな」

「あなた、原爆にかぎらず、戦争で両親を失った子どもたちのために使えないかしら」

「いい考えだ。それに決めよう」

こうして、昭和三十一年、夫妻が生死の境を歩いた記録から得た一万ドルを基金に「有隣奨学会」が生まれた。中学までは義務教育でいけるからとの理由で、対象を被災した高校生たちにしぼり、たくさんの有為な青年たちのために育英費が贈られている。そして、夫妻は毎年卒業する生徒たちの就職斡旋と結婚のお世話に追われながらも、たくましく成長していく若者たちの姿に目を細めている。

現在も広島逓信病院長として活躍している蜂谷博士は、毎年八月六日になると夫婦揃って原爆慰霊安置所を訪れ、深い祈りを捧げる。十五年前、手をほどこすすべもなく死んでいった多くの被爆者たちに、自らも傷つきながら医者という立場から、というよりはむしろ人間の名において心に刻んだ誓いは、博士夫妻のこれからの生涯をかけて果たされていくことであろう。

（昭和三十四年八月放送）

〈取材ノート〉

十二指腸潰瘍で病院を脱出しての広島取材だった。医者は「痛みがでたら広島から病院にまっすぐ帰ってくること」を条件に脱出を認めたのだった。蜂谷博士の取材に夢中で痛みを忘れた。潰瘍は自然治癒したらしい。

庶民的俳優は長い辛苦の後に

俳優
加東大介・真砂子

かとう　だいすけ＝俳優。父は狂言作者の竹柴伝蔵。六歳で初舞台。前進座の結成に参加。映画では「羅生門」「ここに泉あり」「大番」シリーズに出演。話題をよんだのは戦争体験「南の島に雪が降る」。

新しいタイプの主役スター

逞しい生命力がモリモリと、内側から溢《あふ》れてくるような身体つきである。お人好しで、何のくったくもない丸い顔、初対面であっても気兼ねなんか無用、嫁の悪口だろうと税金の高いのに閉口していることだろうと構わない、安心してなんでも話のできる親しみを持った俳優、それが加東大介さんである。

この人ほど、人間として誠実さを画面から発散させている俳優も珍しいのではないだろうか。三枚目とか喜劇役者、あるいはお笑い専門の俳優という人たちは、誰でも、ある種の庶民性というものはもっているものであり、それが私たちに親近感を与えている。その演技にユーモアや笑いを感じて、肩のひとつもたたいて共感を示したくなるのであるが、しかし、それはあくまで演技の上でのことであり、じっさいに、画面で人を笑わせることに心を砕いている喜劇俳優たちの素顔は意外に渋いものであり、ポーンと肩をたたいて親しみを表わすなど、もってのほかの場合が多い。ある高名なる喜劇俳優は、スタジオでも街でも決して笑わない。気むずかしく、いつもニガ虫を噛みつぶしたような顔をして、周囲の人びとをはらはらさせているそうだ。

加東さんは、いわゆる喜劇俳優ではないが、そのユーモアに満ちた親しみぶかい感じは実生活でもほとんど変わりがない。それは庶民的というよりも、加東さんがはっきりと庶民のひとりであるという意識をもって生活しているからであろう。それが、気づまりな人間関係やお体裁を吹きとばして、観客の裸の心にヂカに触れていくのである。

むかしはアチャラカの喜劇でもない限り、加東さんのような俳優が主役スターを演ずることはまったくなかったことである。「羅生門」「血槍富士」「大番」などは、かつて日本映画には存在しなかった新しいタイプの映画スターを生んだのである。それはとりもなおさず、日本映画の成長を身をもって生きてきた加東大介という庶民スターの栄光の座でもあった。

それは現在、第一線で活躍しているベテラン俳優たちがすべてそうであるように、加東さんの場合も長い下積みの脇役生活の苦労と、そこに培われた演技力によって、もたらされたものである。

永すぎた春

加東さんの父は歌舞伎の狂言作者で竹柴伝蔵といった。河竹黙阿弥の弟子で、先代市川左団次の座付作者、沢村宗十郎の支配人などをつとめた人である。

そんな関係で加東さんは早くから芸の世界に興味をもった。というよりも生まれ落ちたときからまわりは芸のことばかり、とくべつに興味をもつまでもなく、

加東大介、右は筆者

ごく自然に芸の世界に入っていったのであった。

しきたりどおりに六歳のとき、浅草宮戸座で初舞台を踏んだ。劇場の行き帰り、楽屋の生活などは、この時分まだ女子大生であった姉の沢村貞子さんが、いろいろと面倒をみてくれた。自意識に目覚めはじめると古い世界に疑問を感じてくる。府立七中時代には医者になるつもりで、毎日、顕微鏡をのぞきこんでいた。しかし、伝統はただ古いものをそのまま継承するだけのことではない。古いものを土台にして、それをさらに超えていくことだとわかったとき、芸の世界に戻っていった。そして先代左団次の弟子になり市川莚司と名のった。同時に、日本舞踊の方では藤間勘助について、二十一歳で名取りとなり藤間勘蔵となった。めきめきと頭角をあらわして師匠の代稽古をつとめるようになり、松竹少女歌劇の振付けを手伝うようになった加東さんは、そこで一人のスターと親しくなった。

浅草の小間物屋の娘で水の江ターキーやオリエ津坂の相手役をつとめ可憐な娘役として売り出していた京町みち代である。

このころ、加東さんはまたも古い芸の世界に、あきたらないものを感じてきた。若いエネルギーは歌舞伎の封建的な枠に抵抗を感じ、ついに実力本位の芸の道に生きようと決心、前進座に入ったのである。昭和八年のことである。いまでこそ歌舞伎役者が新劇の舞台やテレビや映画に出演しているが、当時は破天荒のことであり、加東さんは歌舞伎界から異端視されたのである。厳しい稽古の明け暮れは、自ら決心してとびこんだ世界ではあったがやはり辛かった。経済的にもピンチであった。いくら物価の安いよき時代とはいえ、月給十五円では男ひとりがやっとこさの状態、とても結婚などできるわけがない。

ところが皮肉なことに、京町みち代さんは当時百円の月給をとる大スターである。十五円と百円じゃ月とすっぽん、一方は華やかなスポットライトを浴びるスター、こちらは同じ役者とはいえ下積修行中の域をでない。となると、いくら愛し合っていても結婚までは辿りつけまいと、周囲の人たちはみていたようだ。それがあたっていたのか、二人は仲むつましいように見えながら、三年たっても五年たっても結婚しない。

友人がそれを気にして加東さんに訊《き》いてみた。

――いったい、どうなっているんだね。君たちの仲は？

――別に、どうもなっていないよ。なぜだ？

――いつまでたっても所帯をもつ気配もないじゃないか。

――ああ、そのことか。じつはな……彼女の方がうまくないんだ。

案の定、図星だったかと思ったのは友人の早のみこみ。彼女は結婚をすれば、原則によって歌劇団をやめなければならない。そうなると貧乏所帯のやりくりが大変とあって、ついつい「永すぎた春」になっているというわけであった。

二人が結婚したのは知り合って六年目、昭和十二年であった。京町みち代さんは、もちろん現在の真砂子夫人である。

結婚後の奥さんは加東さんのいる前進座に入団、加東さんと共演するようになり、夫妻は前進座現代劇の中堅として活躍した。

ニューギニアの戦線へ

結婚生活六年目、加東さんに召集令状が舞い込み、あっという間に事態は急変した。

忙しい出発の朝、ふたりは黙って手を握りあった。

「行ってくるよ」

「はい……」

「危ないことは極力避けて、身体に気をつけるんだぞ。心配事は兄貴やお姉さんに相談しなさい」

「はい……必ず帰ってきてね」

「帰ってくるとも。舞台が待っているからな」

戦況は逼迫していた。加東さんは激戦を予想されるニューギニアの戦場に向かった。

留守中の奥さんは、沢村国太郎、貞子兄妹の組織する劇団に加わり、地方をまわり、慰問に参加しながら、ひたすらに夫の帰りを待っていた。

日本を発ってから、一枚のハガキもとどかなかった。終戦になった。外地にいた兵士たちはぞくぞくと引き揚げてきたが、夫からも当局からも、なんの音信もなかった。しばらくして、ニューギニアの兵士は、栄養失調でほとんど全滅した。間もなく戦死の公報が入るだろう、という報らせを受けたのだった。

沢村兄妹も、劇団の人たちも真砂子さんを慰め、力づけた。狂いたいような焦燥のなかで真砂子さんは舞台に立ち続けた。そんな真砂子さんをみて、再婚をすすめる人もでてきて、身の振り方を心配する声が大きくなっていった。

そんなとき、真砂子さんは決然と言いはなったのでした。

――夫は死んでいません。生きています。きっと帰ってきます。

――あなたの気持ちはわかるけど、いつまでもそんなこと考えていちゃ、身体にどくよ。

――あなたたちにはわからない。妻の私だけが知っていることです。夫はきっと帰ってきます！

夫の生きていることを真砂子さんだけが確信していた。まさにそのとき、加東さんはニューギニアで劇的な「南の島に雪が降る」を演じていたのであった。

復員そして映画界へ

真砂子さんを除いたすべての人たちが戦死を信じ、あきらめていたころ、加東さんは復員した。まっすぐ前進座にかけつけてみたが、劇団は地方巡業に出ていていなかった。加東さんは劇団を追ってまっしぐら、巡業先の楽屋で真砂子さんとの再会を果たしたのであった。

沢村兄妹も座員たちも幽霊ではないかと言いながら、元気な加東さんの姿に狂喜した。一人一人、かたく手を握りあって再会を喜ぶ夫をみつめている真砂子さんの頬を、とめどもなく涙が流れた。

帰国してまもなく、加東さんは映画入りをした。

六歳の初舞台から数えると、加東さんの俳優生活はもう五十年近い。そのほとんどが脇役で、長い下積みの苦労をなめてきた。そのなかで、着実にたたきあげてきた演技力が、毎日コンクールやブルーリボンなどの受賞となり、さらに主演スターの地位を築きあげていったのである。

加東さんのこんにちの栄光はもちろん俳優以前の人間としてこの温かさ、誠実さが多くのファンを魅了したことも、つけ加えなくてはなるまい。

天下のスターが、下駄ばきで、自転車に買い物籠をつけて、どこにでも気軽に出かけ、牛乳屋のおじさんとも、魚屋のばあちゃんとも、友だちのように話をする。とにかく体裁や格式にこだわりがちな世界にあって、加東さんのフランクな生活態度は、そのまま、あの無類の親近感を生むスクリーンにつながるものである。また、そこからこそ、演技の幅と深みがにじみでてくるのにちがいない。

俳優さんのプロフィルを表した俳優「いろはかるた」というものがある。その「に」の項にいわく「女房孝行、加東大介」。

大番のギューちゃんを演じながらも、素顔の加東さんはどちらかといえば、身体に似合わず気弱なところがあるという。大は仕事の方針から、小は日常の買物にいたるまで右にしようか、左にしようか、やめようか、どうしよう……誰も傷つけたくない。そうなると、もうどれを選んでいいかわからなくなってしまう。決断を下すのは、いつも奥さんの役であるという。

結婚生活三十年、奥さんにしてみれば、大きな子どもをかかえている心境かもしれない。

名優加東大介を支えるもの

引退するまで十六年間も女優生活を続けただけに、真砂子夫人は加東さんの仕事の上でも最良の協力者である。セリフを覚えるのに、相手役になったりして夜ふかしをすることもある。そして一方では、辛辣《しんらつ》で的確な批評家も兼ねている。

もっとも、あんまり辛辣にけなしてばかりいると、夫が働く意欲をなくしてしまうので、適当にほめることも忘れません、とこっそり教えてくれたものである。

いうなれば実生活のホーム・ドラマ、加東家の主役を演出するのは奥さんである。

加東さんはまた女房孝行だけに限らない。親孝行でもある。孫ができたのを口実にして、兄嫁の家からお母さんをぶんどってきて、すでに十年あまり、兄嫁からは早く返せと催促をしてくるが、加東さんは涼しい顔の知らぬ存ぜぬの一点張り、お母さんを一人占めにしてはなさない。

これにもうひとつ、女房孝行や親孝行に輪をかけるほど有名なのが、加東さんの子煩悩ぶり。加東さんが四十歳になって、初めてできた一粒種の晴之君が可愛いくて仕方がない。

私が加東さんの家に伺ったのは、いまから四年ほど前、晴之君が小学校の三年生の時分だった。ちょうど、流行の風邪にやられた晴之君の枕元で、医者がなにも心配はいらないというのに、加東さんはおろおろしどうしで少しも落ち着かないのであった。

すべての喜びと悲しみと生き甲斐が子どもの上にかけられているだけに、ちょっとした病気でも気苦労はたいへんである。じっさいの看病は、奥さんがつきっきりで夜の眼も寝ずにやっているわけであるが、加東さんもそのそばについて、ただいたずらに気をもんでいる。

——いっそ自分が入院してしまいたいくらいです。

なんとすばらしい父親であることか。

晴之君の部屋は二階にある。普通、二階への階段はホテルでもないかぎり、玄関からいきなりついていないものである。たいていは食堂の横からとか、応接室の隣りぐらいから二階にあがるようになっているものだが、加東家では、玄関からまっすぐ二階にあがれるようになっている。その説明を加東さんから聞きながら、私はおかしさをかみしめながらも、眼の奥が熱くなるのであった。

――ぼくらの時代と違って、いまの若い人たちはドライなんだそうだけど、やっぱり、ボーイフレンドの部屋に行くのに、応接間やら食堂を通るというのは気づまりでしょう?

――誰がですか。

――ガールフレンドとか恋人とか……家の人たちを気にしないで自由にしてあげたいんですわ。

大真面目にそう言う加東さんである。そのとき、晴之君は小学校三年生、いまやっと中学生になったばかりである。親馬鹿も極まれりというべきであろうか。

これらの心温かい人びと、たくさんのファンたちの声援のあるかぎり加東さんは日本映画に、テレビや舞台に新しい一頁を開き続けていくであろう。

(昭和三十六年五月放送)

〈取材ノート〉

結婚式をあげていなかった夫妻のためにゲストの小林桂樹が「番組の最後に僕から奥さんにヴェールを贈るのはどうでしょう」と提案した。賛成。衣裳部で用意した純白のヴェールを真砂子夫人にかぶせたとき、夫人は涙ぐんでいたが加東大介はカメラの前も構わず号泣した。美しい涙だった。

波瀾万丈の泣き笑い高座

落語家
古今亭志ん生・りん

ここんてい　しんしょう＝落語家。徳川直参三千石槍術指南番の孫として明治二十三年に生まれる。志ん生を襲名するまでの改名も朝太、馬きんなど十六という記録ホルダー。十八番は「火焔太鼓」「らくだ」「風呂敷」

人生双六のはじまり

徳川直参三千石、槍術指南番の孫として明治二十三年東京に生まれた。美濃部孝蔵というシカつめらしいのがレッキとした本名。

草履屋の職人になったが、生まれついての芸好きで十七歳のとき、名人といわれた橘屋円喬の弟子になり朝太、続いて小円朝の門に入り、円菊、馬太郎、武生、朝馬、馬石、馬きん、志ん馬、馬生、芦風、ぎん馬、東三楼、甚語楼、五十一歳になって三代目志ん生を襲名した。まず改名の数では落語家のナンバーワン。

十八番は「火焔太鼓」「らくだ」「風呂敷」などで、まず〝くるわもの〟をやらせたら超一流。古典落語の大御所である。

夫人の美濃部りんさんは、学生相手の早稲田にある下宿屋の一人娘として育ち、志ん生、当時の馬きんと結婚するまで落語のラの字も聞いたことはなかった。結婚は芸人世界には珍しく見合。それもりんさんは出席せず、りんさんの父親が代席して勝手に決めてきたというから凄まじい。

「そのころの貧乏はひどかったですヨ。もっともあたしにとっちゃ、貧乏なンてえのは慢性で、不治の病だと思っているから、こいつァいまだに続いていますが、武生から馬きんになった時代にゃァ最低でしたナ」

と師匠がいうほどひどい貧乏のなかで二人は結ばれた。

そのころの話に、馬きんになった名びろめの席を浅草の金東亭でやったが、なにしろ貧乏がひどくて、仕立おろしの紋付なんか買えない。仕方がないから松阪木綿で高座へ上がろうとしたら席主が驚いて、

「いくらなんでも改名披露に、そのなりはひどいじゃないか」

というから、

「冗談じゃねエ。噺家はハナシをするのが商売で、着物を見せるわけじゃねえ。着物を見せ

るンなら古着屋のセガレにかないっこねえ」と、ヘンなタンカを切って、改名独演会を済ませた。

大事な改名披露に、新しい着物すら買えないくらいだから、まして楽しい新婚生活などできるわけがなかった。七軒町の床屋の二階に新世帯を営んだのが、志ん生三十一歳、りんさんは二十四歳のときだった。高座生活五十年、落語界の長老古今亭志ん生、泣き笑いの人生双六はここから始まった。

師走の寒空に浴衣で

「そのころはまだテリ焼きみたいなこんな頭じゃなくて、ホラ大正十二年新婚ホヤホヤのころにゃあ、キチッと七三に分けたヤサ型の二枚目。ネ、イイ男でしょ」

左より古今亭志ん生・りん夫妻、山形アナウンサー、柳家小さん

新婚当時の黄色味がかった古写真を持ち出して、人に見せるのが自慢。たしかにまだそのころの馬きんには、フサフサとして毛が生えている。

毛は生えていたが、志ん生につきものの貧乏はいまも言ったようにそのころが一番ひどく、新婚のりんさんが乳母車をひいて、ドンドン焼きを売り歩いていたという。

「いまはテレビだとかラジオだとかの収入もありまして、何とか食べつないでおりますがぁなた、そのころはウチの人の収入といえば、寄席の割り前だけ。まだ前座でござんしたから、ウチの人のもらい分は、お客一人について八厘ぐらいだったらしい」

当時でていた浅草の金東亭は、入りのないことでは有名な寄席。雨の降る夜など五、六人のお客が寝ころがって聞いているという寒々とした寄席だった。たとえ、三十人のお客がいたとしても八厘では二十四銭。いくら物価の安かった時代とはいっても、二十四銭の生計費では、食べることすら満足にいかない。

ところがその二十四銭すらも、

「ウチの人は満足に渡してくれないンです。ですからいったい、いくら収入があったのかはっきり知りませんが、とにかく結婚して一ト月か二タ月もしないうちに質屋がよい」

おんば日傘とまではいかなかったにしろ、とにかくレッキとした下宿屋さんの一人娘。お嫁にきたときにはタンスから鏡台、衣類とひと通りは揃っていたが、それが二年三年たつうちに質に入っては流れ、いつの間にか無一物になってしまったというから、金に縁のないこと徹底している。

馬きんは馬きんで、りんさんがドンドン焼きを売りながら、なんとか生活費を工面している一方、師走の寒空に夏祭りの浴衣の上に仲間から借りた紋付羽織を着て「ええ、毎夜のお運びさんまで……」と、亡き三語楼ばりの妙な手付をして一席伺っていた。

大正の末期といえば、活動写真に押されて一流の噺家さえも、高座だけではなかなかメシの食えなかった時代である。かけ出しの馬きんがいくら改名に改名を重ねて、運をツカもうとあせっても、思うようにはいかなかった。

結婚三年目に長女、続いて次女。さらに長男の清君（現在の金原亭馬生）が生まれた大正十五年の末には、文字どおりドン底がやってきた。

りんさんは、生涯のうちでもっとも苦しかったのは、このときだったという。

器用すぎるのが災い

夫の志ん生はもって生まれた道楽好き。さっぱり家に寄りつかないどころか、一銭だって持ってこない。たまに帰ってくれば、ガランとした家の中を見渡して、質屋にもってゆけそうなものがあると、サッサと持って出かけてしまう。

道楽ばかりでなく事実、志ん生としては噺家生活の歴史のなかで、そのころが一番厚いカベにぶつかっている時期でもあった。二十歳で上がった高座だったが、いっこうに芽がでない。生まれつき器用なせいであったのがワザワイして、本式にピタリとケイコができない。噺は自然聞き覚えが多い。だから何だって注文されてやれないものはないが、反面、本格的なデッサンができていないから、噺は何となくアイマイである。

いまでこそ、そのアイマイさが志ん生独特の芸となって鋭く光っているが、まだ三十やそこらのかけ出し噺家には、そのアイマイさをこなせるわけがない。自然と高座に上がっていても、それが人気にひびいてくる。

これじゃいけないというわけで、エンギをかついで改名する。それでもダメ。もう一度名前を取りかえて生まれ変わったつもりで、とまた名前をかえる。しかしダメ。そういったカベにぶつかって、彼なりに悩んでいた。

人気がでない、収入はない。ヤケになって好きな酒をあおる。家に帰ってもおもしろくない。こうしたスランプが、何年か続いていたのである。

「長男が生まれたころには代々木の笹塚に住んでいましたけど、ネコの額ほどの家の中はガランドウで、私はもちろん着のみ着のまま、ろくろく食べていないので、お乳すらでませんでした」

火のついたように泣きだす赤ん坊に、りんさんは乳房をふくませてやるのだが、栄養失調一歩手前の身体では、お乳の出が少なく、りんさんは泣きながら、空腹に泣き叫ぶ赤ん坊をあやしたという。

「ほんとうに嬉しかったのは、そのとき実家の母が五円札を一枚持ってきて、お餅でも買ってせめて赤ん坊に十分なお乳をやりなさい、と言ってくれたこと。このときのことは、いまでもウチの人に話をするのですが、この五円札一枚で、母と子の生命が救われたようなものですヨ」。

と、りんさんは述懐している。

大正十五年の暮れは、この五円札一枚でやっと越えられたが、餅もほんの一切れか二切れ食べただけの昭和二年の正月を過ごしたとき、家賃と借金に追われて、一家はある寒い夜、本所業平町の通称〝なめくじ長屋〟へ引越した。

「引越したなんていうとテイサイがいいけど、ていのいい夜逃げですよ」

りんさんは背中に生まれたばかりの長男を背負い、両手に長女次女の紅葉のような手をしっかり握りしめ、着のみ着のまま朝の一番電車に乗った。

寒い朝だった。街灯が朝モヤの中で、明るく光っていた。長女も次女も歩きながら眠っていた。

「しっかりすンだヨ。喜美子ッ」

ヨタヨタしながら、母親の手にすがりついてくる長女を叱りながら、りんさんは涙をこぼした。吐く息が白かった。トウフ屋のラッパの音が遠くでひびいていた。夫の志ん生は黙りこくったまますまスタスタ歩いていた。その後姿が、りんさんにはたまらなく悲しかった。それでもりんさんは、夫に一言の文句も言わず、夫の歩く方角へついていった。代々木の駅で十分ほど待って電車に乗った。明るい車内に落ちついたとき、妻と夫は初めて顔を見合わせ、かすかに笑いあった。自分たちのみじめな恰好が、わびしさを通りこして、ユーモラスに思えたのであった。

家賃はタダだが……

本所業平のなめくじ長屋。

当時の本所といえば、草ぼうぼうのうえ、隅田川と荒川の間にはさまれた湿地帯。梅雨期になればすぐ水がでて床下まで泥水に埋まるし、夏になると名物の藪ッ蚊がワンワンといって襲撃してくる。こんなところだから、なめくじがやたらと多い。

そのなめくじ長屋は、原っぱの中に五十軒ばかりがひとかたまりにわびしげに建っていたが、借り手がなくて家の中は文字どおりのなめくじの巣。

「家賃はいらねェから誰でもいい。住んでもらいてェ」という家主の希望で、志ん生一家はここに越してきたわけである。つまり志ん生一家がオトリになって、入居者を集めようというわけである。

りんさんはハナオのつぼ縫いからはじまって、クレヨンのペーパー貼り、造花の色付け、マッチのペーパー貼りなど、当時あった内職にほとんど手をつけた。一時間働いて三銭、五銭という内職でも精魂こめてやり通すと一日一円近くになる。

「あれは、昭和三年の暮れだったでしょうかねェ。大みそかの夜中すぎまで働き続けて仕上げた品物をかついで、近所の工場に持っていったら、三十五円くれたのをおぼえていますヨ」

りんさんは、その十円札三枚と五円札をふところにすると、町の中に出ていった。結婚以来初めての、あたたかいお正月を迎えることができそうだ。水っ鼻をすすりあげながらも、自然に頬がゆるんでくるのを感じていた。

大晦日の下町は、まだどこの商店でも、あかあかと明かりをともして景気よく起きていた。久しぶりに出た町。人の往来もはげしい。りんさんはまず古着屋に立ち寄って、二人の娘と一人の息子のために、お正月の着物を買ってやった。子どもの着物を買うのも、結婚して初めてのうれしさだ。

「それからお米とお餅を買わなくちゃァ」

ひもじい思いをしながら、口をあけて待っている三人の子どもと夫のために、米、味噌、醤油、餅などどっさり買いこんで、りんさんは木枯しの吹く町を帰っていった。業平橋を渡るときには、もう初日の出が東の空を赤々と美しく染めていた。

家へ帰って財布のヒモをほどいてみると、まだ三円残っていた。

「ちょいと、二十銭ばかりヨコしなヨ」

志ん生は十銭銀貨二枚を握ると、初日の中を駆け出していって半紙を買ってきた。

「これで年始まわりができるぞ」

二十銭の半紙と、子どもたちの晴着を前にして志ん生夫婦は顔を見合わせ、はじめてオメデトウを言いあった。すくすく育った子どもたちの、安らかな寝息が、破れ畳の四畳半に静かにひびいていた。

「なあに。貧乏だって、そう捨てたもんじゃねヨ。こんなに楽しい正月を迎えることができるんだ。これがオマエ金持ちだってみろ。こんなアジはわかりゃしねェ」

志ん生は妙な強がりをいって、りんさんを笑わせた。

納豆が酒になる

志ん生一家が貧しかったのは、志ん生の酒好きにも原因があった。

「十二ぐらいのときから飲みはじめましてね。今まで飲んだぶんで酒の問屋ができるヨ」

というくらい酒好きの志ん生は、一家心中手前までいっても、酒を手からはなさなかった。

そのころの話。芸熱心の志ん生は噺の中に出てくる納豆売のよび声が、納得いかず自分で実際に納豆売をやってみようと、りんさんが、一生懸命かせいだ血のでるような内職の金をそっくり持ち出して、納豆を買ってきた。一番鶏の鳴くころ、納豆カゴを肩にかけ町へ出てみたが、いざ売ろうとしてもあの〝ナットウ、ナットウ〟という声がでない。言おうとすると人が来る。はずかしいから黙ってしまう。やりすごしてから言おうとすると、また人が来る。そのうちどうやら言えるようになったが、呼び声が下手なせいか、ちっとも納豆が売れない。そのうち昼になってしまった。仕方がないので、仲間に売りつけようとして寄席へ行ったところ、

「よしきた。中に入って売ればいいじゃないか」

「いや、こいつは甘納豆じゃないんだ」

「かまうこたァねェ。甘納豆じゃなくても納豆は納豆だ」

ということになったが、もちろん寄席じゃ売れない。

楽屋にいる連中に買ってもらって売上が入った。とたんに気が大きくなった志ん生、仲間を引きつれて酒場に一目散。

へべれけになって帰ってきた志ん生をみてりんさんが、

「お前さん納豆どうしたのヨ」

「納豆みんな飲んじゃった」

酒は飲む。女道楽はする。金は持ってこない。亭主としては最悪の条件ばかりそなえた志ん生だったが、こんな亭主であっても、りんさんは一生ハイハイと言いなりになってきたのは、夫の芸に対する信頼があったからこそである。

新しい噺を覚えてくると、志ん生が誰よりもさきに聞かせるのはりんさんだった。

「おい、起きろヨ」

夜の夜中、内職の仕事ですっかり疲れきったりんさんをゆすり起こして、蒲団の上に正座した志ん生は、

「エー、お笑いを一席申し上げます……」

と、りんさんに聞かせたことも何度かある。りんさんが噺につられて笑おうものなら、志ん生はますます熱を入れて、いま覚えてきたばかりの噺を繰り返すのだった。

「貧乏はしていても、いまにきっといい芸人になる」

りんさんは内職の花輪に埋もれながら、いつでもそう思っていた。それと、どんなに道楽をしても、必ず家へもどってくるというりんさんの自信も大きかった。

不遇にもめげず、ここまで到達した志ん生の修業もさることながら、その陰で死にもの狂い

で貧乏と闘ってきたりんさんの苦労こそ、まこと、あっぱれというべきであろう。

（昭和三十四年五月放送）

あとがき

四十数年ぶりに番組に出演していただいたご夫婦を想いだすとき、いま改めて感動が胸をうつ。

出演者はその時代の一流の人たちばかりで多忙な時間を調整して番組制作に協力してくれた。そして結婚式のアルバムをはじめプライバシーをすべて公開してくれた。取材のあとオフレコを約束したのに「先生、奥様が一度だけ家出をされたと聞きました。どんないきさつだったんですか」と質問して、あとで山本有三さんに叱られたこともあった。

テレビで夫が妻を、妻が夫を語る時代ではなかった。だから新鮮だったともいえよう。和服で正装してスタジオにくる夫婦がいて、本田宗一郎さんのように半袖の普段着があり、それぞれに個性的であった。

これらのご夫婦に出演交渉をするまでには企画委員のご苦労があった。朝日新聞の間宮達男さん（故人）、産経新聞の松本暁美さん、中央公論社の三枝佐枝子さんの推薦によるものであった。無名のご夫婦は私が地方紙をふくめた記事から拾った。

ゲストも多彩で一流の人たちだった。出演する夫婦に相談をして私が交渉をするのだが、皆さん快く承知してスタジオに来ていただいた。

榎本健一さん夫婦に菊田一夫さん、田中千禾夫さん夫妻に田村秋子、山本健吉さん、栗島すみ子さん夫妻に鈴木伝明さん、清元寿兵衛さん夫妻に久保田万太郎さん、松本幸四郎さん夫妻に福田恆存さん、水原茂さん夫妻に飯田蝶子さん、江川宇礼雄さん夫妻に里見弴さん、富永一朗さん夫妻に吉行淳之介さん、平野威馬雄さん夫妻にサトウハチロウさん、佐田啓二さん夫妻に木下恵介さん、土門拳さん夫妻に勅使河原蒼風さん、北条秀司さん夫妻に島田正吾さん、市川左団次さん夫妻に河竹繁俊、小西得郎さん、千宗室さん夫妻に伊東深水さん、尾崎一雄さん夫妻に丹羽文雄さん、轟夕起子さん、山之口貘さん夫妻に金子光晴さん、升田幸三さん夫妻に加藤一二三さん、有島一郎さん夫妻の場合はテレビ結婚式にしたために森繁久弥、伴淳三郎、小島正雄、三木のり平、森光子さんらがゲスト出演した。

先日、テレビ朝日の番組で越路吹雪さんの特集が放送された。何気なく見ていると画面がモノクロにかわり、見覚えのある映像が写った。山形アナウンサーが内藤法美さんに質問すると「家内は料理がうまい」という答えが返ってきた。そして「夫と妻の記録より」というスーパーが流れた。元気な越路さんと会えて嬉しかった。

今年はテレビ朝日が開局して四十五年になる。その時の番組が活字としていま甦るのは章友社の永原秀信さんと出版元・国書刊行会の力丸英豪さんお二人にすべてを負うている。心からの感謝を申しあげたい。

平成十五年六月

中島　力

著者紹介
中島　力（なかじま・ちから）
昭和５年、鹿児島県生まれ。
安部公房の「現在の会」同人。
昭和33年、ＴＢＳで徳川夢声の『テレビ結婚式』担当。昭和34年、テレビ朝日開局に参加。『夫と妻の記録』、『世界の中の日本人』等制作。その後『徹子の部屋』『暴れん坊将軍』『西部警察』等を手掛ける。制作局長、テレビ朝日福祉文化事業団事務局長などを経て退職。
現在、「704プロジェクト」社長。

夫と妻のきずな　上巻　―激動の昭和を生きた夫婦の記録―

平成15年７月15日　初版印刷
平成15年７月25日　初版発行

著　者　中島　力
発行者　佐藤今朝夫
〒174-0056　東京都板橋区志村1-13-15
発行所　株式会社　国書刊行会
TEL03-5970-7421　FAX03-5970-7427
http://www.kokusho.co.jp
制　作　有限会社　章　友　社

ISBN 4－336－04552－6　　印刷・明和印刷（株）　製本・（有）青木製本

人びとに涙と感動を与えたテレビ朝日放送のドラマがいま甦る

夫と妻のきずな 全3巻

激動の昭和を生きた夫婦の記録

中島 力 著

四六判/上製/各一、八〇〇円+税

中巻

湯川秀樹・スミ(物理学者)
安達潮花・武子(華道)
北島敬之・三重子(歌人)
猪谷六合雄・定子(スキー)
北村西望・春野(彫刻家)
川喜多長政・かしこ(映画)
高寺志郎・雅子(写真家)
飯田秀子・種次(医師)
長谷川仁・林子(画商)
山之口貘・静江(詩人)
吉田五十八・初枝(建築家)
松尾静麿・ふみ子(航空)
藤井安雄・絢子(医師)
鰐淵賢舟・ベルタ(音楽家)
鈴木重雄・望月優子(女優)
芦田伸介・明子(俳優)

下巻

東山魁夷・すみ(画家)
千宗室・嘉代子(茶道)
杉野繁一・芳子(ドレメ)
土門拳・民(写真家)
榊原仟・米子(医師)
中村正常・チエコ(作家)
清元寿兵衛・ナツ(清元)
島村喜久治・千枝子(医師)
茂原英雄・飯田蝶子(女優)
宮田重雄・節子(画家)
吉村義男・ミツ子(刑事)
真尾倍弘・悦子(出版)
木谷実・美春(棋士)
山口蓬春・春子(画家)
左卜全・糸(俳優)
林家三平・香葉(落語家)
本田宗一郎・さち(自動車)